Soyez solaire !

ARIANE BILHERAN
AUX ÉDITIONS PAYOT

Se sentir en sécurité. Comment se protéger de l'anxiété, de la peur et du stress

LISE BARTOLI p154

I believe in myths p88
cultures to transcend the mind
perfect day

vie / romance / construction p111
re-humanizing p114
argent p117
procrastination p137
CWTP p161
forgiveness p165
fear p168
la colère p175/176

mike p123 →
to close your
... you in the family system
Your role in the family
us when you are
reconnaissance / reproches in
sécurité 128
p134 questions
need us duty 141
listen to your needs not their anxiety 141
love your anxiety p148
+ p160
p163 → do the best in full awareness, nota
dreamscape

Ariane Bilheran

Soyez solaire !

et libérez-vous des personnalités toxiques

PETITE BIBLIO
PAYOT

Retrouvez l'ensemble des parutions
des Éditions Payot & Rivages sur

payot-rivages.fr

Introduction

> Le combat ne doit pas être mené par la violence. Là où le mal est stigmatisé, il pense à recourir aux armes, et si on lui fait le plaisir de lui rendre coup pour coup, on a le dessous, car on est soi-même impliqué dans la haine et la passion. C'est pourquoi il importe de commencer par sa propre maison et prendre garde aux défauts que l'on a soi-même stigmatisés. Ainsi les armes du mal s'émoussent d'elles-mêmes quand elles ne trouvent pas d'adversaires. Et même nos propres défauts ne doivent pas être combattus directement. Tant que nous luttons contre eux, ils demeurent victorieux. La meilleure manière de combattre le mal, c'est un progrès énergique dans le bien.
>
> *Yi King. Le Livre des transformations.*

Il existe des personnes qui font du bien *par leur seule présence*. Elles irradient quelque chose, peut-être un bien-être qui devient communicatif, une sorte d'amour de la vie, de joie indescriptible, ou encore autre chose. Tout simplement, à leurs côtés, vos soucis diminuent, s'évaporent parfois, vous êtes moins oppressé, vous vous sentez mieux. Vous avez certainement déjà rencontré de ces personnes qui, lorsqu'elles entrent dans une pièce, vous rendent apaisé, serein, voire joyeux par leur seule présence. Ces personnes dégagent *une intensité, une façon d'être au monde.* D'autres personnes vous font du bien de manière active, par exemple celles qui s'escriment à rendre meilleur votre quotidien, vous aident à trouver un travail, vous remontent le moral lorsqu'il est en berne, vous aident à construire vos projets… Ici, nous évoquerons simplement celles au contact desquelles vous vous sentez bien, sans qu'elles agissent particulièrement à votre encontre.

Quelques figures tutélaires, connues ou moins connues, m'ont accompagnée tout au long de l'écriture de ce livre, comme des paradigmes qui nous engagent à suivre un chemin de lumière. Il ne s'agit pas de religion. Ou plutôt si. Il s'agit de l'esprit de la religion, quelle qu'elle soit, et qui consiste à unir les humains vers des buts et des idéaux qui les transcendent et les rendent meilleurs, en augmentant leur scrupule moral, le respect du vivant et de sa dimension sacrée. Chaque religion vit (ou a vécu) sa face obscure, liée au sentiment d'être « élue » seule parmi les autres : prosélytisme, inquisition, perversion, tortures, assassinats, massacres, au nom du jugement d'un dieu intolérant, sanguinaire, cruel, sans pitié ni miséricorde. Nous ne parlerons pas ici de dogme, mais de cette *communion* qui permet de rassembler les humains dans la compassion et dans une œuvre de paix. Par exemple, toute personne qui a pu rencontrer Sœur Emmanuelle décrit ce sentiment de paix intérieure, et cette forme de sainteté, de sagesse qui émanait d'elle. Il y a des rencontres dont vous sortez grandi. Bien sûr, il s'agit d'un être exceptionnel, mais j'ai voulu affiner cette réflexion au regard de la présence au monde. Souvent, l'on s'illusionne, et l'on imagine que la personne vit subitement la révélation de qui elle est vraiment. Il y a là une erreur. Si vous voulez changer, devenir un être qui fait du bien aux autres, par votre seule présence, cela suppose de modifier des petits circuits de votre quotidien, en vous attaquant à des mauvaises habitudes, à des défauts, à toute forme de complaisance, ce qui, au fur et à mesure, transformera de façon plus spectaculaire votre présence au monde et celle de votre entourage. Mère Teresa en ce sens engageait chacun d'entre nous qui souhaitait promouvoir la paix dans le monde à rentrer chez soi pour s'occuper de ses proches. L'amélioration du monde commence par enlever les mauvaises herbes de son propre jardin.

Revenons à ces personnes qui font du bien par leur seule présence.

Premier indice : ces personnes ont toujours le sourire. Est-ce ce sourire qui les rend joyeuses, ou bien est-ce la joie ressentie qui leur donne ce sourire ?

Second indice : si ces personnes font du bien *par leur seule présence*, c'est qu'elles ont une intensité d'être, *une qualité de présence.*

Qu'est-ce que la présence ?

La définition que je vais en proposer est la suivante : *la présence est l'incarnation de l'âme dans un corps, qui relie son immanence à sa transcendance dans l'ici et maintenant.* Une qualité de présence suppose une harmonie intérieure, une unité, que nous explorerons pour approcher au plus près son mystère, pour la comprendre, en bénéficier mais aussi, pourquoi pas, la développer en nous, comme un don du ciel qu'il serait permis à chacun d'entre nous de découvrir.

Cultiver cette qualité de présence supposera d'alléger la charge reposant sur soi-même, l'anxiété, le stress, les soucis multiples et complexes du quotidien, la dépression chronique, en retrouvant pour soi les idéaux, les valeurs, les modèles qui structuraient le rapport au temps, à l'espace et à l'autre chez les Anciens. Nous pourrions alors non seulement faire du bien à nous-mêmes, mais également en dispenser à autrui et, par la qualité de notre présence, contribuer à rendre le monde meilleur, mission d'autant plus indispensable à l'heure actuelle qu'elle paraît sérieusement compromise, par l'ampleur des guerres, des conflits et des tentatives d'aliénation des masses.

Il est maintenant nécessaire que chacun s'y attelle et restaure en lui, pour lui et pour autrui, son intégrité et son désir de paix.

De toute évidence, la présence bénéfique s'oppose aux personnalités qui nourrissent l'angoisse, soit parce qu'elles attirent le malheur et qu'il ne leur arrive que des catastrophes, soit parce qu'elles vous phagocytent, vous avalent toute votre énergie. Auprès de ces dernières, vous vous sentez mal, votre espace se restreint, vous captez l'angoisse de l'autre et vous éprouvez une forme d'oppression.

Nous pourrions d'emblée dire qu'il s'agit là d'un regard sur la vie, d'une contemplation du monde qui s'attarde sans doute sur sa dimension profonde, large, positive, et non sur l'ensemble des contrariétés et des imperfections qui l'animent, avec lucidité, sans se complaire dans l'illusion et le déni d'une psychologie positive de bas étage.

Cultiver le Beau, le Bon, le Vrai et le Bien, il y a là un ancien modèle de sagesse et d'harmonie qui mérite que l'on y revienne pour s'y attarder et, ce faisant, devenir soi-même cette qualité de présence.

Nous nous trompons dans nos priorités quotidiennes, et nous bradons l'essentiel au marché de l'urgence.

Ce livre prône une démarche authentique envers soi-même et incite à revenir à une spiritualité digne de ce nom, loin de la spiritualité de bazar qui est souvent vendue aux rayons de notre supposé développement personnel.

J'estime que notre vie psychique a de la valeur, et qu'elle ne mérite pas cela. Vous ne méritez pas non plus de vous faire croire que le travail intérieur est facile, simple, sans embûches. Vous n'avez pas le droit, nous n'avons pas non plus le droit d'instrumentaliser la spiritualité pour éviter de nous confronter aux malheurs du monde. La puissance de l'esprit consiste précisément à affronter en toute lucidité l'horreur du monde, puis à la transcender, et non à fermer les yeux. **La spiritualité, ce n'est pas l'affaire des tièdes**. Ce n'est pas une fuite. Ce n'est pas une illusion qui vise à nous persuader que « nous allons bien, tout va bien », dans un monde plus que chaotique. La spiritualité est la force de celui qui, face au constat de la souffrance du monde et du dévoiement des êtres humains, décide de raffermir son esprit en élevant sa conscience au-delà des effets contingents et de l'actuel dogme matérialiste qui ne cesse d'augmenter notre errance existentielle.

En revanche, il s'agit d'un combat intérieur, contre ses « démons intérieurs », ce dont nous parlent d'ailleurs toutes les religions bien comprises.

Alors, ce livre parle de devenir solaire, de rencontrer des êtres solaires, de se préserver des êtres toxiques, à commencer par soi-même, en combattant ardemment notre ombre. Ce chemin est absolument nécessaire pour trouver un équilibre en soi, lequel se mettra ensuite au service du monde.

Ce livre aspire à ce que chacun travaille à trouver la paix en soi, sans faux-semblants, sans évitement, sans fuite, sans fausse conviction.

Avec justesse, courage et patience.

1

Les présences toxiques

Ces êtres qui empoisonnent notre existence par leur seule présence...

Toute définition supposant d'analyser son contraire pour fixer les contours du concept à définir, commençons par les êtres qui empoisonnent notre existence *par leur seule présence*. Nous écartons donc les êtres qui vous maltraitent de façon *active*, qui vous font des reproches, vous violentent, abusent de vous, vous harcèlent... De ceux-là émanent une présence nocive qui se prolonge dans des attitudes et des comportements explicites.

En deçà, rien de réellement visible, pas d'agissements hostiles, mais la présence de ces êtres vous rend mal à l'aise, dégrade votre *état d'âme.* Vous vous sentez mal, et vous pouvez ensuite secréter vous-même des émotions toxiques, faire ressortir jusqu'au pire de vous-même. Pourtant, en apparence, il ne s'est rien passé. Juste une présence dégradée, de piètre qualité, qui altère votre présence à vous-même. Vous avez le sentiment d'avoir perdu en énergie, d'être épuisé, anxieux.

Nous qualifierons ce type de présence de « toxique », au sens où elle vous fait du mal. Certains êtres véhiculent de façon majoritaire une telle présence, tandis que chez d'autres, cette présence sera irrégulière et dépendra des relations aux individus ou des périodes, alors qu'enfin, chez certaines personnes, rares, la présence sera toujours bénéfique.

Dans ce dernier cas, nous supposons un travail considérable interne de discernement critique sur les modèles présentés par notre culture occidentale dominante, et une façon d'être au monde qui est positivement cultivée, ce dont nous parlerons ultérieurement.

Et puis, la qualité de présence pourra dépendre de l'interaction avec chacun d'entre nous. Ainsi, tel être dont la présence est essentiellement bénéfique pour l'un ne le sera pas nécessairement pour l'autre, quoique notre propos ici consiste à dégager des états d'âme et des états d'être prépondérants, qu'il importe de travailler pour en dégager la meilleure substance.

Toute présence peut être renforcée par des actions, par des agissements : l'être dont la présence est toxique pour vous peut en outre vous maltraiter, vous violenter, tenter de vous détruire, etc., de même que celui dont la présence est bénéfique pour vous peut vous aider à augmenter vos potentialités.

Apprendre à repérer la toxicité en vous-même ou dans votre entourage participe du même processus : reconnaître cette dimension, travailler à la supprimer en vous et, si vous la tolérez autour de vous, apprendre à vous en protéger en conservant à l'esprit qu'une relation doit vous apporter davantage de bénéfices que de coûts (coups). Il est intéressant de qualifier cette présence, mais aussi de s'interroger sur les raisons pour lesquelles une présence de qualité ou non aura un impact plus ou moins grand sur vous.

À quoi reconnaît-on une présence toxique ?

Aux côtés de la présence toxique, vous vous sentez amoindri, affaibli, vidé de votre énergie, vulnérable, ce qui peut s'accompagner d'une anxiété et d'une humeur triste. Vous ne savez pas bien ce qui s'est passé car, en apparence, il ne s'est rien passé. Mais au terme de la rencontre, vous vous sentez déprimé, irrité, dévalorisé, et vous nourrissez des émotions négatives, par exemple dépressives ou haineuses. Sur le plan subtil, il y a donc bien quelque chose qui s'est passé, un mécanisme dont vous n'avez pas conscience, que vous n'avez pas vu, pas repéré, ou pas suffisamment ressenti, comme si autrui, par sa présence, vous avait propagé son humeur, son état d'âme anxieux, tourmenté, malheureux... Et une partie de vous a accepté de se laisser entraîner dans cet état d'âme.

Ce n'est pas la quantité des relations qui compte mais la qualité de leur présence.

Je parle également de la relation de vous à vous-même.

D'une certaine façon, l'être dont la présence est toxique pour vous éprouve amertume et insatisfaction dans sa propre vie, et nourrit secrètement, parfois malgré lui, des projets de haine et de vengeance. Ce sont des êtres qui s'interdisent d'exister pleinement et avec lesquels vous entretenez une relation où peuvent se croiser pêle-mêle du dénigrement, du doute, de la tyrannie, de l'abus de pouvoir et des rapports de force, de l'hypocrisie et de l'opportunisme, de la manipulation, du chantage, de la victimisation, des médisances, de la colère et de la destruction, de la fuite et de l'évitement, de la rivalité et de l'envie.

Ceux qui « vendent leur âme au diable »

Toute la culture occidentale ainsi que la plupart des cultures mondiales sont fondées sur une dichotomie bien-mal, diable-dieu. Au-delà de la question de l'existence réelle d'entités personnifiées telles qu'un diable ou un dieu, il n'en demeure pas moins que ces deux pôles signifient deux pulsions opposées, une pulsion qui détruit, qui divise, qui fait du mal (toxique), qui tue le vivant, et une pulsion qui construit, qui unit, qui fait du bien (bénéfique), qui nourrit le vivant, ce que la psychanalyse freudienne a conceptualisé sous l'angle de la pulsion de vie et de la pulsion de mort, en reprenant les divinités grecques d'Éros et de Thanatos.

Il semblerait donc que ces deux pôles constituent des fonctions psychiques universelles, importantes à conceptualiser, comme des catégories mentales qui président en chacun et fondent le scrupule moral, source d'intégrité pour l'être humain. Toute civilisation se fonde d'ailleurs, au niveau anthropologique, sur l'interdit du meurtre et l'interdit de l'inceste (c'est-à-dire aussi de la transgression sexuelle entre générations adultes/enfants). Si ces deux garde-fous sautent, c'est le retour de la barbarie.

Attardons-nous désormais à la notion de diable et, plus particulièrement, à ces êtres dont on dit qu'ils ont « vendu leur âme au diable ». Étymologiquement, le diable est une notion qui provient du grec ancien, de *διάβολος* ([*diábolos*]), issu du verbe *διαβάλλω* ([*diabállô*]), signifiant « diviser ».

Le « diable » est donc ce qui divise, désunit, détruit à l'intérieur de nous.

Mais l'être humain dispose d'un libre arbitre : il peut choisir de servir Dieu ou le diable, mais attention, la plus grande manipulation consiste à faire croire que vous servez un dieu qui en réalité est le diable !

Soyez donc attentifs.

Servir le divin, c'est servir la puissance du vivant, l'harmonie, l'union, l'amour, tandis que servir le diable, c'est servir les forces de destruction, de haine et de division. Donc quelles forces servez-vous ? Cette question est primordiale en matière de spiritualité.

D'ailleurs, ceux dont on dit qu'ils ont « vendu leur âme au diable » se sont laissé psychiquement diviser. Tous les êtres mal intentionnés tentent d'ailleurs de diviser autrui, de le corrompre, et c'est toujours ce qui se passe dans les logiques de bourreau. Le bourreau tente de diviser psychiquement la victime par le biais du conflit de loyauté et du traumatisme. Par exemple, il somme une mère de choisir entre sauver la vie de sa fille ou celle de son fils. Si elle refuse de choisir, alors il la viole. Ces procédés sont systématiquement employés dans les guerres mais, de façon plus camouflée, plus insidieuse, dans notre quotidien. Dès lors, la victime sera comme « possédée » par le bourreau, détruite par lui, et « l'effet bourreau » agira de façon autonome, même en l'absence du bourreau : autodestruction, souffrances, angoisse, empathie déplacée à l'encontre du bourreau permettant de mieux tolérer ses faits et gestes[1], etc. À l'heure actuelle, l'on parle beaucoup de la perversion narcissique. Voilà un bel exemple de personnalité toxique qui vous empoisonne la vie !

Toute présence toxique pourra être le produit d'un être qui s'est laissé diviser, dissocier, désunir de sa part spirituelle et divine. L'être humain, inscrit entre ciel et terre, est défini par une articulation entre la matière (le corps) et l'esprit, et c'est à cet endroit même que réside sa liberté. S'il se tord et se déséquilibre, soit en privilégiant exclusivement la matière (sensualité excessive, désirs consuméristes, avidité financière, etc.) soit en privilégiant exclusivement l'esprit (ascèse, mépris du corps et du vivant, etc.), alors il se divise. Cet équilibre a toujours été pensé par les grands esprits du monde, depuis Pythagore jusqu'à Léonard de Vinci, autour de la question de l'harmonie (corps-esprit, immanence-transcendance, etc.).

1. Pour le lecteur qui souhaite approfondir ces questions, je le renvoie à mon livre *Harcèlement. Psychologie et psychopathologie*, KDP Amazon, 2017.

Les relations avec les prédateurs

Apprenez à regarder dans vos relations si elles sont fondées sur l'échange, ou uniquement sur la prédation. Ceux qui ne visent qu'à « prendre » de vous sans vous donner en retour sont souvent toxiques. Le don n'est pas nécessairement financier, bien sûr, car l'on peut donner du temps, de l'amour, rendre des services…

Toute relation « à sens unique », où vous donnez beaucoup plus que vous recevez, sauf lorsqu'il s'agit bien sûr d'un échange générationnel de la vie (ainsi, nous nous occuperons de nos parents durant leur vieillesse comme ils se seront occupés de nous durant notre enfance), doit vous alerter.

Question piège

Si vous avez autour de vous de tels prédateurs, posez-vous bien la question de savoir à quelle part obscure de vous-même ils renvoient… Par exemple, si vous attirez les tyrans, pourquoi ? N'ont-ils pas pour fonction de mettre en mouvement votre propre part tyrannique, celle que vous vous cachez à vous-même et que vous masquez en vous laissant tyranniser ?

Sans le savoir, nous sommes tous porteurs, dans notre inconscient, de mythes, figures et schémas universels. Toute la force des mythes réside d'ailleurs dans cette faculté de raconter à nous tous, quel que soit notre âge, notre civilisation, notre histoire, une vérité universelle. Les mythes sont si puissants que, bien souvent, ils régissent nos vies à notre insu.

Le psychanalyste Carl Gustav Jung a nommé « archétype » une représentation originelle, figurant chez tous, souvent dans une dimension inconsciente, par exemple « l'arbre de vie ». L'universalité des archétypes est d'ailleurs ce qui a conduit Jung à définir l'existence d'un inconscient collectif. On les retrouve dans les contes pour enfants, dans lesquels les toxiques œuvrent sous les figures du dragon, du vampire et de l'ogre.

LE DRAGON

Souvenez-vous toujours que les rencontres avec lesquelles vous allez nouer des liens sont des miroirs de vous-même. De plus, par votre posture, votre attitude, vos émotions, vous allez « révéler » l'autre, en positif ou en négatif.

Il existe des couples d'amoureux qui s'aident à grandir et à croître vers un épanouissement mutuel. En revanche, il existe aussi des couples qui vont s'entraîner vers le pire ! Chacun y aura bien contribué, et une même personne peut se montrer très différente avec vous comme avec autrui. Si avec vous elle se permet de montrer son côté sombre ou prédateur, c'est bien que vous la laissez faire, ou qu'une part de vous encourage et révèle cette dimension en elle, par effet de résonance.

Ce dragon, dont le psychanalyste Jung nous décrit l'importance de le voir en soi-même, doit être rencontré pour être précisément dépassé, et non pas pour être fréquenté ! Souvent, c'est à travers l'autre que nous le rencontrons… à travers cet autre que nous avons inconsciemment attiré à nous, pour opérer cette confrontation.

Saint Michel et le dragon

Dans le christianisme, le dragon symbolise le mal et la bête de l'apocalypse, incarne Satan et se bat contre le Messie. De nombreux saints, martyrs et archanges triomphent du dragon, tels saint Michel, saint Georges...
Ainsi, l'archange Michel est le chevalier ailé qui terrasse le dragon et l'expulse du paradis (Apocalypse, 12,7). Le dragon à sept têtes est en effet une figure allégorique du mal, et cette scène inspirera les artistes italiens de la Renaissance. Saint Michel est aussi connu pour être psychopompe, c'est-à-dire guider les âmes élues, lors du jugement dernier, vers le paradis.

Le dragon est aussi le symbole de l'avarice : il conserve souvent un trésor qu'il ne faut pas toucher. Les avares ont pour principale motivation de prendre et de retenir à eux. Il n'y a pas là une logique d'échange, mais une logique de prédation à votre encontre. L'avare jouit de la seule possession de l'or, qu'il fétichise. La figure d'Harpagon, rendue célèbre par Molière, en est une parfaite illustration.

L'OGRE

L'une des variantes plus effroyables du dragon est l'ogre. L'ogre vous dévore. Du latin *orcus* signifiant… « enfer », l'ogre est une sorte de géant se nourrissant de chair fraîche et dévorant les petits enfants. Sa figure a été popularisée par Charles Perrault dans les *Contes de ma mère l'Oye.* Le Petit Poucet et le Chat botté rencontrent l'Ogre. Dans la mythologie grecque, l'ogre est représenté par Cronos (Saturne chez les Romains), qui dévore ses propres enfants par crainte qu'ils ne lui succèdent.

L'ogre, lorsqu'il tue l'enfant et le mange, s'attaque à ce que représente l'enfance : l'imaginaire et l'innocence. Contrairement au vampire (voir *infra*), l'ogre peut d'ailleurs avoir son pendant féminin perverti, avec l'ogresse.

La mauvaise nouvelle, c'est que vous pouvez rencontrer l'ogre au coin de votre rue ! Il peut être un véritable prédateur d'enfants, bien sûr, mais, le plus souvent, il est un « ogre psychique », qui vient vous voler votre imaginaire, votre innocence, votre part de créativité. Il peut être un ami, un voisin, votre chef d'entreprise, votre collègue, votre frère… S'il est votre mère, elle n'aura de cesse de dénigrer chaque nouvelle rencontre amoureuse, pour empêcher que vous construisiez votre vie, et donc vous détourniez d'elle. S'il est votre associé, il craindra votre réussite de peur que vous ne lui fassiez de l'ombre et prétendiez à prendre sa place. S'il est votre belle-sœur, elle s'arrangera pour vous faire systématiquement garder les enfants, s'incruster chez vous, vous emprunter de l'argent, qu'elle ne remboursera jamais, tout en disant du mal de vous derrière votre dos… Et bien sûr, « l'ogre ordinaire » se plaît à instrumentaliser vos enfants dans les conflits entre adultes, à les prendre à parti, à les manipuler, voire à les dresser contre vous.

Gare au vampire !

Avec le vampire, que se passe-t-il ?

À peine la personne est entrée dans la pièce qu'elle semble occuper tout l'espace, envahir le champ de vos perceptions, vous agresser par ses gestes, son attitude, sa posture. Vous pouvez vous sentir oppressé, mal à l'aise, avec une contraction du thorax comme si votre respiration

Dracula, le vampire

En roumain, Drakul désigne à la fois le diable et le dragon. Paru en 1897, le roman de Bram Stoker le décrit comme vampire des Carpates, en Transylvanie. Dracula aurait été un personnage historique, sous le nom de Vlad Tepes, prince roumain assoiffé de sang, connu pour mener une politique autoritaire et avoir fondé Bucarest. Vlad aurait eu pour surnom « l'Empaleur », d'après sa cruelle méthode consistant à empaler ses ennemis.

Derrière Dracula se cache la figure mythologique du dragon, ce gigantesque reptile écailleux, capable de cracher du feu et de voler grâce à des ailes de cuir semblables à celles des chauves-souris. Le dragon, monstre de l'imaginaire collectif, est un être de terre qui vole. Il est présent dans toutes les cultures antiques. Dans la tradition occidentale (mythologie grecque, celtique, nordique), le dragon est une créature reptilienne ailée et soufflant le feu, recouverte d'écailles souvent vertes, armée de griffes, de dents aiguës, d'un dard menaçant, vomissant des flammes par la bouche, et que nombre de héros ou de dieux devront combattre afin d'établir l'ordre sur le monde. Cette créature est liée à la terre et au feu, symbole de la puissance des forces naturelles.

devenait contrainte. Si la personne s'assied à vos côtés, vous avez envie de fuir, et si, en vertu de contraintes sociales, vous devez rester assis près d'elle, vous ressentez peu à peu l'angoisse vous envahir.

Les présences qui phagocytent autrui sont souvent la manifestation d'êtres destructeurs, dont le vide intérieur est nourri par l'angoisse, la haine et le désir de destruction de l'autre. Elles occupent tout l'espace car elles craignent d'en manquer et, de ce fait, développent leur existence en capturant votre territoire intime.

Là encore, la présence peut trouver son prolongement dans l'action, et la personne dont vous ressentez qu'elle occupe tout l'espace pourrait bien aussi occuper tout l'espace de parole et imposer ses points de vue lors d'une réunion. La présence toxique sera alors devenue visible pour qui accepte de l'observer.

Une présence qui vampirise vient capturer votre énergie disponible pour s'en repaître.

Cela signifie quoi ? Vous vous sentiez bien, empli de créativité, nourrissiez des projets féconds et il suffit que cette présence résonne avec la vôtre pour que vos ressentis s'amenuisent et se dégradent.

En revanche, la personne dont la présence a été à l'origine de ce malaise semble aller de mieux en mieux ! Pas d'inquiétude, nous examinerons plus tard dans ce livre ce que vous devez faire pour ne plus vous laisser vampiriser !

La figure du vampire, représentée aussi par Barbe-Bleue, tue le féminin à l'intérieur de soi. Chaque personne est porteuse d'attributs masculins et féminins, qui sont portés dans l'inconscient collectif et identifiables dans toutes les mythologies. Il s'agit donc d'attributs et non pas d'un homme ou d'une femme. **Le féminin symbolise la part réceptive, émotive et sensible en chacun de soi, et c'est précisément de celle-là que le vampire se nourrit.**

Ainsi, la toxicité du profil « vampire » consiste à vous dépouiller de votre sensibilité, de votre connexion à des émotions positives pour décupler en vous des émotions négatives. La dimension dévorante du personnage mythologique entraîne également un assèchement de votre imaginaire : en présence de ces personnes, vous vous sentez vide, dépossédé de vous-même.

L'on peut se poser tout de même la question de ce paradigme du vampire, que l'on retrouve dans beaucoup de références culturelles modernes « à succès », où l'on nous donne à voir ce meurtre de la femme par le vampire, ou le dévoiement du féminin sacré en féminin vénal. Le film à succès *Cinquante nuances de Grey* évoque surtout cinquante nuances d'ombre dans lesquelles il s'agissait de ne pas chuter, et la prédation sexuelle exercée sur une jeune femme innocente… L'emballement populaire pour ce type de scenarii, sorte de « lieu commun » littéraire, interroge sur la psyché collective.

Ces figures de destruction très archaïques, décrites par le psychanalyste Bruno Bettelheim dans *Psychanalyse des contes de fées*, peuvent se retrouver dans votre quotidien. Bien sûr, il ne s'agit pas seulement des criminels en série qui agitent le mythe de façon active, littérale, car il est *a priori* rare de les fréquenter, mais des personnes qui vous dévorent sur le plan psychique.

La dévoration peut être :

- consommée, réelle (pédocriminalité, meurtres réels) ;
- « seulement » psychique (harcèlement moral, violence psychique, etc.) ;
- « entre les deux », avec un mixte de dévoration psychique et de violence physique sans pour autant atteindre les degrés du meurtre physique.

Ces types de corruption intérieure entraînent *de facto* une présence viciée dont il conviendra, avant tout, de vous protéger, sinon de vous extraire si vous-même détectez telle ou telle tendance ou pente glissante en vous.

L'AGRESSIVITÉ

L'émotion liée au vampire est l'agressivité.

À chaque fois que vous ressentez de l'agressivité, sachez qu'elle est la manifestation de l'impuissance et que, par conséquent, elle va vous entraîner vers la tentation de la *domination sur autrui.*

Le vampire veut contraindre autrui, par la force visible (coercition, menace, intimidation...) ou invisible (manipulation, chantage déguisé...), pour sa propre satisfaction personnelle.

Il existe toutes sortes de vampires dans le quotidien. La personne qui exerce un pouvoir de façon injuste, qui exécute des ordres qu'elle sait injustes, devient ainsi cette figure archétypale du vampire, et sa présence sera le prolongement de cette corruption interne : une présence toxique.

Ceux qui aiment vous consommer...

La légende met en garde contre une avidité matérielle outrancière, qui pourrait ôter tout geste humanisant (le toucher, la tendresse, etc.), isoler de ses proches et du monde, empêcher d'assouvir ses besoins vitaux essentiels.

Le roi Midas

D'après le mythe grec, il y a plusieurs siècles, un roi nommé Midas régnait sur la Phrygie. Quelquefois, le dieu Dionysos se rendait dans ces contrées, accompagné de son père adoptif, Silène, lequel s'attardait à boire quelques gorgées à l'eau des fontaines. Un jour, le roi Midas ajouta du vin à l'eau, et Silène, qui avait bu goulûment le breuvage, s'endormit. Alors, Midas le conduisit dans son palais et, pendant plusieurs jours, organisa de grandes fêtes en l'honneur de son hôte.
Le dixième jour, Midas ramena Silène au dieu du Vin. Fou de joie, Dionysos demanda au prince ce qu'il désirait obtenir en échange.
Midas souhaita alors que tout ce qu'il touche se transformât en or.
Et le dieu lui accorda cet étrange privilège.
Dès lors, Midas fut entouré d'or : les vases, les tables et les chaises, mais aussi les arbres et les fruits... tout se transformait, tout avait la même couleur, le même toucher.
Mais Midas ne pouvait plus goûter aux aliments, ni étancher sa soif, ni embrasser ses enfants.
Désespéré, Midas supplia Dionysos de lui retirer ce don.
Alors, le dieu ordonna au roi de plonger dans le fleuve appelé Pactole, et l'étrange pouvoir de Midas disparut.
Depuis, l'eau du Pactole est chargée d'une multitude de paillettes d'or.

L'AVIDITÉ

L'émotion associée au mythe de Midas est l'avidité.

L'avidité traduit la possessivité, l'envie, la jalousie, le matérialisme primaire. Lorsque vous nourrissez cette émotion, vous engendrez en vous les germes de l'abus et de la tyrannie. Certains s'approprient ainsi la vie des autres, entendent spolier leurs biens, leur interdire de sortir, de s'épanouir, de s'émanciper. Ce sont souvent des parents tyranniques ou des conjoints d'une jalousie maladive. Ils vous pompent toute votre énergie vitale.

Ce sont en général de très mauvais perdants, gare à leur vengeance…

Ceux qui cherchent à vous capturer

Parmi les présences toxiques figurent les êtres qui exercent une fascination et un charisme en deçà des mots, sans rien vous donner en retour. C'est le mécanisme bien connu de la *possession*, qui se rencontre bien souvent dans la passion amoureuse. Cette attraction est irrésistible, et conduit l'être à sa perte, s'il ne sait s'en défendre. La possession peut s'exercer par la voix, ou par le regard, comme

Choisir l'ombre : le mythe de Faust

Le mythe de Faust décrit, de façon archétypale, ce que peut être le choix volontaire de l'ombre. Inspiré de fondements réels, il a été transcrit en littérature par Goethe. Le docteur Georgius Sabellicus Faustus Junior étudia la magie surnaturelle à l'université de Cracovie en Pologne. Accusé de pratiquer la magie noire et de molester ses étudiants, il dut quitter l'université pour échapper aux poursuites judiciaires.

Dès son plus jeune âge, il rêva de posséder la connaissance universelle, de percer les secrets de l'univers. Il mit tout en œuvre mais n'y parvint pas. Désespéré, au bord du suicide, avec le sentiment d'avoir perdu son temps et sa vie, il rencontra Méphistophélès qui lui proposa un pacte : réaliser tous ses désirs en échange de son âme dès que Faust se dira satisfait et heureux. Faust accepta.

Méphistophélès le mit alors en présence d'une jeune fille, Marguerite (Margarete ou Gretchen selon le diminutif allemand), pour qu'il en tombe sincèrement amoureux. Cet amour devint réciproque.

Marguerite était croyante et n'accepta de se marier qu'à la condition que Faust ait la foi. Elle lui posa la question, restée célèbre : « Nun sag, wie hast du's mit der Religion[1] ? »

Faust ne répondit pas, gêné. La mère de Marguerite mourut à cause du somnifère que la

1. Quel est ton rapport à la religion ? Ou que penses-tu de la religion ?

jeune fille avait déposé, à la demande de Faust, dans son potage, afin que les deux amants se retrouvent. Son frère affronta Faust en duel pour laver l'honneur de la famille mais fut tué par le magicien avec l'aide de Méphistophélès. Faust dut donc fuir la ville et laisser Marguerite seule au monde, enceinte et cible des ragots de la ville. Elle conçut de cette union un enfant qu'elle noiera. Alors qu'elle était emprisonnée et condamnée à mort pour infanticide, Faust l'apprit, s'indigna et voulut la sauver mais elle se refusa à le suivre. Méphistophélès emmena Faust hors de la prison de Marguerite en disant « elle est jugée » (« *sie ist gerichtet* ») mais une voix du ciel affirma « elle est sauvée » (« *sie ist gerettet* »).

Puis, dans la seconde partie du *Faust* de Goethe, Faust rencontra le souverain, et épousa Hélène de Troie. Ensemble, ils eurent Euphorion et Faust fit fructifier un lambeau de terre « arrachée à la mer ». À la fin du récit, Méphistophélès voulut prendre l'âme de Faust. Mais celui-ci échappa à la damnation et à l'enfer grâce aux prières de Marguerite.

Le dernier vers de cette seconde partie de Faust conclut « l'éternel féminin nous élève » (« *das Ewig-Weibliche zieht uns hinan* »).

Ce que le mythe révèle, c'est que la tentation peut nous conduire à « vendre notre âme au diable », à tordre notre respect de l'être humain en cultivant la démesure. Seuls la prière et l'amour divin (inconditionnel) peuvent faire revenir à l'humanité.

la Méduse, monstre de la mythologie grecque, dont le regard avait le pouvoir de pétrifier au sens propre celui qui le croisait. D'ailleurs, « dragon » est un dérivé du mot grec *δράκων* ([drakôn]), issu de *δρακεν* ([drakeîn]), aoriste du verbe *δέρκομαι* ([derkomaï]) signifiant « voir, regarder d'un regard perçant ». Cela correspond bien à la perversion car le regard en est la composante essentielle, comme dans le voyeurisme ou l'exhibitionnisme.

Cette capture psychique, au travers du regard et/ou de la voix, peut avoir lieu dans la « vraie vie », et ce phénomène vous dédouble de vous-même, vous vous sentez dépossédé de votre libre arbitre. Fuyez, tant qu'il est encore temps !

Fuyez le ruminant !

Si l'on exclut la présence d'êtres vides qui dévorent l'énergie d'autrui pour se remplir, demeure la présence d'**êtres qui se dévorent eux-mêmes et auprès desquels vous pouvez également vous sentir mal**.

Ces derniers ruminent sans cesse leurs problèmes, dans une vision pessimiste de l'existence. Même s'ils ne disent rien, vous entendez malgré vous le « petit vélo » qui tourne dans leur tête, vous ressentez à quel point ils « broient du noir ». Il ne leur arrive souvent que des

« tuiles », comme si leur piètre présence à eux-mêmes encourageait les lois de l'univers à semer leur chemin d'épreuves et de catastrophes, qu'ils ne parviennent pas à voir comme des initiations, mais face auxquelles ils demeurent passifs, comme écrasés par le poids de la fatalité. Souvent, ils ruminent leur souci, leur angoisse, leur amertume et leur stress, et cette ritournelle intérieure semble créer de nouveaux soucis encore, comme par un effet hypnotique, un refrain lancinant qui rigidifie leur fonctionnement. Ce sont des êtres dont la présence provoque aussitôt de l'anxiété.

Là, rien de réellement visible, pas d'agissements hostiles, fussent-ils subtils, mais la présence de ces êtres vous rend mal à l'aise, dégrade votre *état d'âme.* D'eux émanent des pensées négatives, qui agissent comme des « paratonnerres », car ceux à qui il n'arrive que des « tuiles » les attirent, ce qui vous en préserve, pour un temps du moins. Ceux-là ne sont pas méchants, mais prennent sur eux tout le malheur du monde. En un sens, ils vous protègent dans la mesure où la foudre s'abat systématiquement sur eux. Mais si d'aventure vous vous approchez d'un peu trop près et trop longtemps, la tempête des malheurs s'abattra aussi sur vous, prenez garde !

Ils peuvent également vous capturer par un excès d'empathie que vous nourririez à leur encontre, dans une sorte de relation déséquilibrée où vous donnez trop à une personne qui se pose en victime et en petit nourrisson à protéger, ce qu'elle n'est bien évidemment plus ! Cette prise en charge excessive et inappropriée d'adultes à votre détriment pourrait bien se finaliser par une trahison à votre encontre !

Parmi les profils ruminants se trouvent aussi les fameux hypocondriaques, ces malades imaginaires qui s'inventent sans cesse des maux psychiques et physiques pour justifier leur malaise et accroître leur méfiance envers un corps médical qui ne prendrait jamais au sérieux la gravité de ce dont ils semblent souffrir.

Les interprétations exogènes et les interprétations endogènes

L'hypocondrie peut être névrotique, comme celle d'Argan, le « malade imaginaire » de Molière, mais également délirante. Dans ce dernier cas, nous distinguons les interprétations exogènes et les interprétations endogènes. Par exemple, la personne souffrant d'une hypocondrie délirante dit avoir mal au ventre. « On m'a empoisonné » sera une interprétation exogène (la cause dudit mal de ventre provenant de l'extérieur). « J'ai un trou dans l'intestin » est une interprétation endogène (la cause provient de l'intérieur).

Enfin, le misanthrope est encore une autre variante du profil ruminant. Molière, qui avait le secret de ces portraits, nous a brossé en Alceste celui d'un misanthrope qui hait les humains et n'aime que lui-même.

Craignez l'inquisiteur...

L'inquisiteur est un autre grand type de présence toxique. Il est cette personne dont vous sentez systématiquement le regard critique sur vous-même. Vos moindres faits et gestes sont scrutés, l'intrusion du regard est systématique, et le poids du jugement implacable s'abat sur vous.

En sa présence, vous vous sentez limité, vous n'êtes pas vous-même, vous ne vous autorisez plus à grand-chose, vous vous sentez observé, jugé, critiqué, et cela vient censurer votre attitude, vos pensées, vos émotions.

Lorsque vous sentez ce type d'oppression, il est nécessaire de fuir ! Car celui qui vous juge est souvent beaucoup plus sévère envers vous qu'il ne l'est envers lui-même, et la faculté de vous juger, de désirer vous donner des leçons, n'est que le fruit de ses propres troubles de conscience... qu'il vous attribue.

« Il faudrait avoir les mains bien pures pour jeter la pierre, mais les mains pures ont ceci de remarquable qu'elles ne jettent point de pierres » (Julien Green).

Il est toujours plus facile d'identifier la paille dans l'œil du voisin que la poutre dans le sien, et la dimension accusatoire est très pratique lorsque l'on a soi-même des choses à se reprocher… C'est le mécanisme même de ce que nous appelons « projection » en psychologie : pour éviter de se confronter à ce que nous n'aimons pas voir en nous, nous l'attribuons à l'autre. Par exemple, une personne peut vous accuser d'avoir l'intention de l'arnaquer, alors que c'est elle qui est en train de le faire à votre égard !

Qui est-on pour juger autrui ? Mais surtout, les critères sur lesquels nous nous autorisons à le juger sont-ils réellement justes ? L'écrivain Flaubert n'hésitait d'ailleurs pas à écrire, dans ses *Pensées*, que la justice humaine était pour lui « ce qu'il y a de plus bouffon au monde ».

L'ignorant (ou la complaisance envers soi-même)

D'autres présences sont à fuir, pour vous-même. Et si vous en êtes, tâchez de travailler sur vous pour vous défaire de ces problématiques ! Car vous êtes alors *ultra*toxique pour vous-même.

L'ignorant fait partie des êtres toxiques.

L'on peut être ignorant en ne cherchant pas à apprendre ni à progresser en connaissance, en se complaisant dans l'ignorance crasse, mais l'on peut l'être aussi en produisant volontairement des mensonges ou des illusions pour maintenir autrui dans l'ignorance et exercer à son encontre un pouvoir.

C'est le cas des « faux experts » peu scrupuleux, qui produisent des études biaisées destinées à servir tel ou tel lobby, c'est le cas du commercial qui ne vous dira pas les défauts du produit alors qu'il les connaît, c'est le cas du collègue qui ne vous donnera pas les informations négatives qu'il sait sur le nouveau travail que vous convoitez, etc.

Cette complaisance envers soi-même se paie généralement très cher, et vous devez vous méfier des personnes qui cherchent à vous maintenir dans l'ignorance, dans toutes les sphères de votre vie. Car elles ne vous donnent pas les informations qui vous permettraient d'apprécier une situation en connaissance de cause. Loin de vous protéger, en vous désinformant ou en vous taisant des informations, elles vous exposent.

Les lâches ou ceux qui s'en « lavent les mains »

Parmi les êtres toxiques, il y a ceux qui, comme Ponce Pilate, « s'en lavent les mains ». Cela signifie qu'en cas de coup dur, vous ne pourrez jamais compter sur eux. Ces êtres-là refusent de prendre des risques, de s'investir, d'aider autrui pour le défendre si nécessaire, de servir des idéaux. Ce sont des êtres souvent lâches, qui privilégient leur confort à toute cause, et vivent souvent aux crochets des autres ou admettent volontiers qu'après eux viendra le déluge.

Toutes ces présences toxiques ont un point commun : l'excès d'amour-propre, qui les rend difficilement accessibles à l'altérité, les rend suspicieuses et méfiantes envers autrui.

2

Les présences toxiques et nous

Face aux présences toxiques, pourtant, nombreux sont ceux qui ne fuient pas… Or, toutes les configurations ont un point commun : *le manque d'écoute de soi*. Si la personne s'écoutait en effet, elle identifierait nettement la toxicité de la relation, qui se révèle même dans le corps. En présence de certains profils, vous êtes plus tendu, nerveux, crispé.

Nos émotions

Toutes les présences toxiques ne vont pas nécessairement mieux à proportion inverse de votre malaise. En revanche, dans tous les cas, elles se distinguent par les émotions négatives que vous ressentez à leur côté, et exercent une véritable « toxicité émotionnelle ».

Ainsi, les présences ruminantes deviennent contagieuses, tout simplement. Vous vous sentez lourd, chagriné, déprimé.

Au côté d'une présence qui vampirise, vous vous sentez vide, épuisé, dévalorisé.

Au côté de l'inquisiteur, vous vous sentez épié, censuré, brimé.

Ces présences « chats noirs » peuvent également vous transmettre leur angoisse, leur pessimisme, leur malaise et leur stress, par un effet de contamination émotionnelle.

Vous vous sentez mal, comme « plombé », d'autant que ces êtres sont attirés par ceux dont la présence fait du bien, comme s'ils étaient à la recherche d'un remède, d'un antidote.

Notre temps et notre espace

Ces présences toxiques phagocytent aussi ce que vous avez de plus précieux : votre temps et votre espace intérieur. Le vampire, le ruminant et l'inquisiteur sont chronophages et spatiophages, c'est-à-dire qu'ils dévorent votre temps et votre espace intérieur, et ne vous rendent rien en retour !

Vous perdez en disponibilité psychique, vous êtes totalement accaparé par ces présences toxiques, vous perdez peu à peu le goût de vivre, vous avez l'impression d'étouffer, de ne plus avoir d'intimité, de lieu, de répit. Et pourtant, nous ne parlons que de simples présences.

Bien sûr, chacun d'entre nous peut devenir une présence toxique pour autrui, en fonction des épreuves rencontrées et des périodes. Nous ne sommes pas alors un cadeau pour notre entourage ! Si vous avez l'impression d'être toujours dans ce type de présence, en revanche, il est urgent de revenir à vous-même pour tenter subtilement de résoudre ce problème, c'est-à-dire, avant d'aborder la relation à autrui, la relation que vous entretenez avec vous-même.

Vous devez viser l'équilibre en vous et dans vos relations.

Observez bien : il y a ceux qui parlent tout le temps, ceux qui sont « muets comme une tombe », et, dans les deux cas, ces présences sont fatigantes. La relation est l'endroit où il doit y avoir une libre circulation réciproque du partage. Si ce n'est pas le cas, c'est que vous, ou l'autre, ou les deux, êtes dans une présence toxique.

Nos postures parlent malgré nous

Les postures traduisent également nos états d'âme, et certaines postures appellent l'agression et la toxicité.

Le ruminant, par exemple, a tendance à se recroqueviller de peur sur lui, tandis que le vampire, lorsqu'il arrive dans une pièce, cherche à occuper l'espace par tous les moyens. Apprenez à observer les postures, les gestes, les attitudes, et vous saurez aussi à qui vous avez affaire.

Lorsque vous regardez la télévision, vous pouvez également faire l'exercice d'éteindre le son, et de vous demander ce que ces postures vous évoquent, et à quel type de présence elles vous font penser.

De même, selon votre posture, vous enverrez des messages infraverbaux à votre interlocuteur.

Tout est lié : un état d'âme, une émotion, une pensée, engendrent automatiquement des postures.

Les expressions de la vie quotidienne le disent bien : « en avoir plein le dos », « casser la tête », « porter le monde sur ses épaules », « en mettre plein les yeux », « avoir la peur au ventre », « se prendre la tête », et, plus vulgaire et méditerranéen, « casser les burnes », « se faire de la bile », « avoir le bras long », « avoir les jambes en coton », « travailler d'arrache-pied », « parler du bout des lèvres », « s'en mordre les doigts », « garder sous le coude », « avoir le mauvais œil », « être sur les rotules »...

Par exemple, les personnes qui ont trop de responsabilités ont souvent des tensions aux cervicales, et notamment à la vertèbre atlas, la première vertèbre qui soutient tout le poids de la tête, en référence au géant de la mythologie grecque qui portait littéralement le monde sur ses épaules.

Prenons l'expression française « du bout des lèvres » : elle signifie ne pas dire quelque chose du fond du cœur, et plutôt le dire sans profondeur ni sincérité ni conviction, à l'inverse du « cri du cœur », où lorsque la personne parlera, vous reconnaîtrez sa franchise et sa sincérité.

Retenez bien que toute tension corporelle renvoie à des tensions émotionnelles, car les plans émotionnel, physique, mental et spirituel fonctionnent de concert. Il serait d'ailleurs temps que la médecine revienne au bon sens d'Hippocrate, son père fondateur, car il m'arrive de recevoir des patients « surmédicalisés » dans des protocoles très coûteux, où il est question de rechercher une pathologie à tout prix, alors qu'il s'agit de tensions corporelles qui se dénouent au bout de quelques séances, rarement plus de cinq séances, au gré de la verbalisation et de la prise de conscience du problème à l'origine de la somatisation.

Observez donc votre langage corporel, portez votre attention sur vos tensions, vos comportements non verbaux, vos postures. Êtes-vous en ouverture et en accueil ? Dégagez-vous de la sérénité ?

N'oubliez jamais que la peur engendre la violence.

Plus vous aurez peur du vampire, plus vous allez le rencontrer.

Mais attention, il ne s'agit surtout pas de supprimer la peur car, si un jour vous le rencontrez, il vous faut absolument la ressentir pour pouvoir le fuir ! Domestiquer son instinct ne signifie pas le déraciner.

Souvent, il suffit de porter attention aux crispations de son visage, pour dénouer beaucoup de choses.

Vos émotions influencent donc votre posture, et *vice versa.*

La caisse de résonance

Tant que votre espace relationnel est saturé de présences qui sont toxiques pour vous, ou que vous-même ressentez que votre présence est de basse intensité, vous ne pouvez que rencontrer des êtres ou des situations qui sont en adéquation avec votre présence. C'est une véritable « caisse de résonance » !

Si des émotions toxiques et une vibration négative émanent de vous, vous allez continuer à aimanter des personnes toxiques, lesquelles contribueront davantage à détériorer votre état psychique. Il convient donc d'opérer le « grand nettoyage », d'une part en sélectionnant mieux les personnes qui vous entourent, d'autre part en opérant un travail de dépollution intérieure. Concernant les émotions toxiques d'angoisse, d'anxiété et de peur, je renvoie le lecteur à mon ouvrage *Se sentir en sécurité*, qui est un guide pratique de « dépollution » quotidienne[1].

À une époque où nous sommes sans cesse sommés de nous décentrer de nous-mêmes, notre analyse parle de revenir dans notre centre, qui est le centre d'un axe vertical reliant notre corporéité (notre matière corporelle, notre chair) à notre transcendance (notre âme). Il ne s'agit pas seulement de travailler à y revenir — ce qui est déjà beaucoup — mais d'harmoniser le corps, l'esprit et l'âme dans notre qualité de présence.

Ces figures de l'ombre, dont j'ai déjà parlé, qu'il s'agisse de Dracula, des ogres ou autres créatures mythologiques, disent quelque chose de nous, des conflits psychiques auxquels l'être humain doit faire face. Le choix est d'allure existentielle. Lorsque vous avez choisi votre direction, il faut alors vous mettre à marcher sur la route sans perdre de temps. Le **changement est évidemment intérieur**.

Petit bilan de « santé spirituelle »

D'ores et déjà, plusieurs questions se posent, et vous seul êtes en mesure d'y répondre :

1. Ariane Bilheran, *Se sentir en sécurité*, Paris, Payot, coll. « Petite Bibliothèque Payot », 2018.

- Pensez à une présence que vous sentez néfaste pour vous-même, et face à laquelle vous vous sentez vulnérable.
- Pourriez-vous décrire ce que vous ressentez, les zones du corps qui sont nouées, les émotions éprouvées ?
- Pour quelles raisons cette présence a-t-elle ce pouvoir-là sur vous ?
- Quelle est la part de vous qui l'a laissée s'infiltrer, et pourquoi ?

Une présence toxique ne vous vampirise que si vous avez des failles. Une présence qui rumine ses malheurs n'est contagieuse que parce que vous vous êtes laissé atteindre. Une partie de vous serait-elle en train de vous vampiriser, de vous polluer ou a-t-elle perdu confiance ?

Nous pouvons être contraints de supporter des présences toxiques en raison de plusieurs facteurs. Ces liens peuvent tout d'abord être familiaux et, ce faisant, teintés aussi d'affection, d'amour et de loyauté. Vous vous interdisez alors d'espacer davantage les rencontres et de vivre pour vous-même, puisque ces personnes envahissent votre espace intime. Il est alors nécessaire de vous dire que vous n'êtes pas venu sur cette terre pour subir des relations corrosives, mais bien pour développer la potentialité de votre être.

La famille a pour vocation d'être un espace sécurisant, un foyer dans lequel vous pouvez vous ressourcer des tracas de la vie sociale, publique et professionnelle. Si ce n'est pas le cas, il est certain qu'il faut songer à prendre de sérieuses distances.

Nous pouvons aussi entretenir des liens toxiques pour d'autres raisons, et notamment parce que cette relation fait diversion et a pour fonction de nous empêcher de réfléchir à ce qui nous correspond vraiment, comme une sorte de paravent, d'illusion qui nous détourne des questions : qui sommes-nous et que désirons-nous vraiment ? Cette diversion cache une mauvaise estime de nous-mêmes, une culpabilité, un interdit d'exister tels que nous sommes. Ainsi, la relation se développe à notre détriment et, quelque part, même si nous n'en avons pas nécessairement conscience, avec notre consentement.

Les problèmes engendrés par la relation posent un masque qui vous détourne de l'essentiel : être authentique avec vous-même.

Apprendre à ressentir

Pour identifier une présence toxique à vos côtés, il faut vous mettre en disposition de bien ressentir dans quel état vous vous sentez, sur le plan physique, émotionnel, mental.

Est-ce que, lorsque vous vous séparez de cette personne, vous sentez une différence ?

Vous sentez-vous mieux en sa présence, à son contact ?

Vous sentez-vous mieux après l'avoir vue qu'avant ?

Ou, au contraire, vous sentez-vous vidé de votre énergie, fatigué, démoralisé ?

Accepter l'autre tel qu'il est

Par ailleurs, nous projetons souvent un « idéal » de relation sur les rencontres que nous faisons. Cet idéal peut être flagrant en amour, et entretenu par les nombreuses mythologies à ce sujet. Lorsque l'autre n'est pas comme nous avons désiré qu'il soit, nous attendons qu'il le devienne, surtout s'il l'a été « au début » de la rencontre, à ce moment précis où chacun oublie des pans de sa personnalité pour ne se montrer que sous son meilleur jour et séduire. Se libérer des relations toxiques suppose d'accepter l'autre tel qu'il est, **de ne rien en attendre, de ne prendre que ce qu'il est capable de vous offrir et de ne lui donner que ce dont il a besoin** (pas autre chose ni pas plus). Ce respect relationnel est très compliqué car il suppose de supprimer aussi nos attentes d'une relation imaginaire et idéale que nous projetons en amitié, en amour comme au travail. Avant d'exiger le respect, vous devez vous-même donner l'exemple et respecter autrui, même dans ses choix de non-évolution.

Nommer le mal...

N'hésitez pas à nommer pour vous-même la nature du problème qui est le vôtre. Car nommer le mal dont nous souffrons a toujours pour vertu de le mettre à distance de nous.

Souvent, lors d'un parcours thérapeutique, les personnes apprennent précisément à nommer le mal, et modifient considérablement leur environnement relationnel. C'est l'indicateur d'un changement de posture interne, d'un désir matérialisé vers un mieux-être. Si vous ne commencez pas par un changement intérieur, vous ne vous autoriserez pas à rencontrer ces personnes qui vous font du bien. Pire, vous ne les verrez pas. Il existe de nombreux exemples de personnes qui, changeant leur regard, apprennent à voir autour d'elles les êtres qu'elles avaient évités ou dédaignés auparavant, à leur donner de la considération en comprenant qu'ils sont bien plus positifs pour elles que l'entourage antérieur.

Cherchez, et vous trouverez !

Rumpelstilzchen

C'est bien l'enseignement de ce célèbre conte de Grimm, *Rumpelstilzchen* : nommer le mal l'éloigne. Dans ce conte, un paysan vantard prétendait que sa fille était capable de changer la paille en or en la filant comme de la laine. Le roi fit venir la fille du paysan dans son château, et l'enferma dans une pièce remplie de paille et où se trouvait un rouet. Si elle échouait à transformer cette paille en or, elle mourrait. Alors que la fille du paysan se demandait comment elle pourrait s'en sortir, un nain apparut pour lui proposer de filer la paille à sa place, à condition qu'elle lui donne quelque chose en échange. Après la première tentative, réussie, le roi désira posséder encore plus d'or. Le nain vint alors encore à deux reprises en aide à la fille du paysan mais, la troisième fois, il lui fit promettre de donner, en échange de ses services, son fils premier-né. La fille du paysan, devenue reine, oublia l'accord, mais le nain revint la voir et lui réclama son dû. Devant le refus de la reine, le nain lui dit qu'il voulait bien renoncer à son fils premier-né, mais à condition qu'elle parvienne, dans un délai de trois jours, à deviner son nom.

Les deux premiers jours, la reine proposa toute une série de noms, mais aucune réponse ne fut la bonne. Le troisième jour, un serviteur, qui surprit le nain entonnant une chanson dans laquelle il dévoilait son nom, le rapporta à la reine.

Lorsqu'au soir du troisième jour le nain revint la voir, la reine proposa toute une série de noms, avant de donner finalement la bonne réponse : « Tracassin » (*Rumpelstilzchen*). Fou de colère, le nain se mit alors à taper des pieds avec une telle force qu'il passa à travers le plancher, et disparut pour toujours.

« Je ne veux savoir où vous êtes/Qu'afin de tâcher d'être ailleurs » (Victor Hugo)

Si votre environnement est empli de relations toxiques, il n'y a guère de chances que vous rencontriez des personnes bénéfiques pour vous. Il faut laisser la place pour cela, et commencer par faire le ménage dans vos relations, pour conserver celles qui vous font du bien et maintenir à distance celles qui polluent votre existence.

Cela suppose un changement intérieur ainsi qu'un désir clairement affirmé de **modifier les relations qui ne vous correspondent plus**. Autorisez-vous à faire le ménage dans vos relations, à les sélectionner avec plus d'exigence, osez évoluer dans vos relations, marquer une distance, sans perdre de temps à expliquer, convaincre, etc. La seule personne à qui vous devez rendre des comptes, c'est vous-même à travers votre conscience. Vous gagnerez du temps et de l'énergie car, il est bon de le rappeler, **le seul changement sur lequel vous avez un quelconque pouvoir, c'est le vôtre**. Défaites-vous des présences toxiques, tout simplement. Vous n'avez aucune justification à fournir, et si dette il y a, apurez-la et partez. Vous gagnerez un temps inestimable ; or les jours nous sont comptés dans cette vie jusqu'à notre mort.

Repérer les présences toxiques et s'en dégager supposent en conséquence un travail intérieur sur nos émotions, nos vibrations et ce que nous voulons. Apprenez à vous libérer du négatif : identifiez lorsque vous êtes aux prises avec des émotions qui vous détruisent et qui, la plupart du temps, sont la peur, la colère, l'anxiété, la frustration, la culpabilité, etc. Développez de la compassion envers vous-même et posez l'intention de ne plus vous détruire. Plus vous modifierez votre posture intérieure, plus vous saurez identifier les relations toxiques qui vous font du mal. Vous saurez même ne plus les entretenir, en ne réagissant plus en miroir, en ne cédant plus à un surcroît d'empathie, ni à un chantage affectif. Vous demeurerez centré sur votre axe.

Une qualité de présence en appelle à la profondeur du travail sur soi. Pour développer l'intensité d'être, une présence de qualité, il faut donc apprendre à changer de regard, autrement dit, à élever son niveau de conscience.

Identifier les endroits de votre être qui ont été abîmées par les épreuves de la vie est essentiel pour repérer les présences de qualité et faire le chemin intérieur pour en devenir une.

Le premier être toxique pour vous… c'est vous

Souvent, le premier être toxique pour vous… c'est vous !

Cela signifie que, si votre entourage présente ce degré de toxicité, c'est sans doute parce qu'une partie de vous-même l'accepte, est elle-même rompue, dissociée et sujette à la violence. Toutes les parties de vous qui sont toxiques et sont autant de failles pour des présences néfastes à vos côtés traduisent un vécu de violence (*a minima* morale), une histoire de la violence, une dissociation intérieure provenant de traumatismes lourds dont certains sont bien enfouis et ne sont plus accessibles à la conscience.

Cette dissociation, il convient de l'identifier, et de la travailler, souvent avec une aide thérapeutique :

- À quel endroit vous sentez-vous en distorsion avec vous-même ?
- Vous sentez-vous en désaccord ?
- Avez-vous le sentiment de ne pas être à votre juste place ?

- Vous sentez-vous mal à l'aise ?
- Avez-vous tendance à vous dénigrer, à vous tourner vous-même en ridicule ?
- Vous sentez-vous coupable ?

Si une partie de votre être accepte de laisser fuir de l'énergie au profit des vampires, c'est qu'elle pense que vous méritez d'être phagocyté. De même, si vous vous laissez contaminer par des présences ruminantes, c'est qu'une part de vous est vulnérable, poreuse à ces émotions négatives, hostile, frustrée. En la matière, la présence à vos côtés en dit long sur vous, votre choix de relation, vos failles psychiques et votre propre présence au monde. Ainsi, la présence toxique est également entretenue par vous-même et c'est à cet endroit, précisément, que vous pouvez agir.

Les autres sont en effet des miroirs de nous, et nous ne pouvons pas leur reprocher les failles qui existent en nous-mêmes.

La spiritualité « New Age » : une fuite ?

Il y a souvent, dans l'approche de la spiritualité à l'heure actuelle, des contresens qui risquent bien de vous égarer et de vous faire perdre votre temps.

Tout d'abord, « rien de nouveau sous le soleil », la connaissance de l'âme est l'apanage des recherches ésotériques depuis des millénaires chez de très grands auteurs, et ce travail est beaucoup plus approfondi que les recettes de cuisine actuelles qui se déploient sur le marché.

D'ailleurs, le récent dogme matérialiste n'a ni plus ni moins conduit à éradiquer la notion d'âme, en un temps record, ce qui rend de fait les personnes plus manipulables et aliénables.

Ces courants ésotéristes, tels le pythagorisme (Pythagore), le néo-pythagorisme (Plotin), l'hermétisme italien (Marsile Ficin), puis, plus près de nous, des auteurs tels que Carl Gustav Jung, sont occidentaux, et il n'est pas nécessaire non plus de partir en Orient découvrir ce que notre culture recèle déjà et ce, d'autant que l'ésotérisme oriental est adapté à la culture orientale, tandis que notre ésotérisme est adapté à la culture occidentale.

Il existe à mon sens plusieurs dangers d'égarement dans la spiritualité « New Age », et je vais tenter d'en citer quelques-uns.

LA PENSÉE POSITIVE « CHAMALLOW »

La pensée positive comporte le risque d'illusionner tout un chacun en lui faisant croire qu'avec la simple pensée positive il pourrait repousser l'obstacle et le faire disparaître !

Tout ce qui entrave notre lucidité et notre discernement n'est pas bon à prendre.

Le risque de ces salles remplies de méditation de pleine conscience et de « pensée positive », c'est aussi « d'endormir le peuple », et de ne pas le mener à se poser les bonnes questions. Car lorsque l'on « plane », l'on n'est pas présent pour voir le monde, la matière et le réel tels qu'ils sont et doivent être concrètement transformés par notre capacité d'action.

Le spirituel qui fait abstraction du matériel est une illusion, un mirage, un spirituel « bobo » qui ne pose pas les bonnes questions et ne permet précisément pas de développer son esprit, ce qui doit être tout de même la source du spirituel.

Ce type d'approche peut parfois avoir pour conséquence de détourner du vrai travail, qui est un travail intérieur de combat contre ses propres démons.

Car il s'agit bien de cela : identifier ses démons, ses défauts, ses failles, ses faiblesses, ses propres vices, les affronter, les terrasser.

L'obstacle est nécessaire en ce sens qu'il permet, bien chevauché, une élévation. Voilà le sens de la descente aux enfers que j'expliquerai *infra*. Bien guidée, elle est l'occasion d'une réelle transformation. Et de toute façon, si vous devez en passer par là, vous ne pourrez pas l'éviter. Plus vous chercherez (et l'on vous y incitera copieusement) à faire taire ou à nier cette souffrance existentielle et métaphysique sous les médicaments, l'alcool ou le divertissement, plus elle risque d'empirer.

LORSQUE L'ON DEMANDE AU MENTAL DE FAIRE LA SIESTE DANS UN HAMAC

Dans certains courants pseudo-spiritualistes, le mental est décrié, et l'on demande, en clair, aux gens : de ne plus réfléchir !

Il faudrait uniquement ressentir, mettre son ego de côté, dire à son mental de faire la sieste dans un hamac pendant que… des gourous, des théoriciens peu scrupuleux iront penser pour nous.

J'encourage plutôt le lecteur à toujours conserver et muscler sa faculté d'analyse, son discernement, à étudier les ressorts de la pensée, de la rhétorique et de la manipulation. Le mental est une aide très précieuse pour apprendre à identifier les présences solaires.

Le mental n'est pas suffisant, certes, mais il est indispensable, pour éviter les chausse-trappes de l'illusion.

L'EMPATHIE DÉGOULINANTE ET L'ÉTOUFFOIR ÉMOTIONNEL

Si l'on met le couvercle sur des émotions négatives, cela ne marche pas : elles reviennent. Or, beaucoup de courants pseudo-spirituels vous enjoignent à cultiver les émotions uniquement positives et à chasser les émotions négatives.

De même, il est fréquent que l'on vous incite à « oublier le passé ».

Seuls les ignorants sont capables de proférer de telles inepties.

Cliver nos émotions et oublier notre passé ne font qu'augmenter des divisions internes. Car, tout simplement, ce n'est pas possible.

Il ne convient donc pas de pratiquer l'étouffoir des émotions en nous qui ne nous conviennent pas : il s'agit au contraire de les accueillir, de les observer, de les reconnaître, et de travailler à les transformer.

De même, l'empathie que je nomme « dégoulinante » sert, la plupart du temps, à nous aveugler et à nous empêcher de nous poser les bonnes questions.

Ce n'est pas parce que vous éprouvez de l'empathie que c'est nécessairement bon ! On peut avoir de l'empathie pour son bourreau ! Seule la capacité d'analyse et de discernement saura vous dire s'il est juste ou pas de ressentir à cet endroit de l'empathie.

LE « JE SUIS GUÉRI » EN « 2 MÉDITATIONS, 3 RÉGRESSIONS »

Dans la même logique, en tant que thérapeute, je ne cautionne absolument pas la « psy facile », qui ne produit de résultats que médiocres et temporaires. Il y a quand même une loi universelle, c'est que l'on ne devient pas un bon pianiste en deux leçons, et bien c'est pareil pour le travail thérapeutique.

L'on n'est pas guéri du psychisme en deux séances, et l'on ne se connaît pas en deux mois de travail sur soi, ou alors cela tient du miracle et du gourou.

Les gens veulent être heureux et libres, sans se donner les moyens de l'être… Ce n'est juste pas possible. Et cela s'appelle : un déni de réalité.

Faut-il rappeler que la « psychologie » signifie « science de l'âme » ?

La seule spiritualité, la seule qui vaille, parle toujours de **vaincre la bête en soi** (voir *infra*). **Elle parle aussi d'élévation, de verticalité, d'effort et de discipline**. C'est d'ailleurs ce que l'on retrouve dans le mythe du Minotaure bien compris, les douze travaux d'Hercule, etc. Cette initiation existe en Occident depuis la plus haute Antiquité, l'Égypte et la Grèce, elle se rencontre dans les écrits de Pythagore et de Platon. Aujourd'hui, une spiritualité « de supermarché », qui ferait l'économie du combat sur sa part d'ombre (qui est bien plus qu'un questionnement, mais est un combat dont il faut sortir vainqueur), nous détourne du vrai travail qu'il y a à faire, et sur lequel tous les ésotéristes de haut niveau depuis l'Antiquité ont insisté.

Car en dominant sa part d'ombre, l'on devient un être bon pour soi et pour les autres, un être unifié (c'est ce que veut dire « la part divine » en soi), en harmonie avec son entourage, et il est alors enfin possible de diffuser le bien autour de soi.

L'état actuel de notre planète, complètement déchirée par les guerres et le terrorisme, montre bien que ce travail n'est pas fait, et il a toujours d'ailleurs été l'objet d'un étouffement et d'une persécution très nets par les politiques inquisitoriales, car il vise à libérer la conscience.

Or une conscience libérée n'est plus manipulable.

VOUS NE DEVIENDREZ PAS SOLAIRE EN CROYANT QUE VOUS L'ÊTES

En ce sens, la spiritualité « New Age » peut parfois relever de la vaste escroquerie mentale, et vous ne deviendrez pas solaire en croyant simplement que vous l'êtes ou en l'affirmant haut et fort.

Au mieux, si vous avez un petit talent, vous deviendrez gourou !

Vous devez devenir intransigeant envers vous-même et traquer la moindre parcelle des mensonges que vous vous faites à vous-même…

Apprendre à repérer la qualité de présence (la vôtre et celle d'autrui), et ne pas prendre des chemins illusoires trop faciles vous économiseront bien des déboires par la suite.

Ces bases étant posées, nous allons voir comment détecter les présences solaires.

3

Les présences bénéfiques ou solaires

Apprendre à choisir les personnes qui vous font du bien par leur seule présence suppose de détecter ce qui peut être facteur de joie et d'épanouissement, ce qui vous aide à grandir, à ouvrir votre regard. Il ne s'agit pas d'une posture active, qui viserait à vous faire changer, à vous convaincre, mais plutôt d'une **fidélité à soi-même qui impose calme et respect.**

L'identification des êtres bénéfiques requiert une écoute à soi-même. Dans quel état vous sentez-vous lorsque vous êtes en présence de telle ou telle personne ? De manière générale, une telle présence vous accueille tel que vous êtes. **Elle ne vous demande rien, n'attend rien de vous, n'en exige rien**. Elle n'est pas intrusive et vous accueille dans un espace bienveillant où vous vous sentez pleinement libre d'être qui vous êtes. Elle peut vous transmettre de la joie et vous faire ressentir l'importance de votre existence. Car vous êtes absolument nécessaire à ce monde et vous êtes unique. Tout cela se déroule en deçà ou au-delà de la parole.

Tentons de décrire davantage cette qualité de présence, qui irradie une lumière, un bien-être, une « aura » qui confère énergie, force et sérénité, pourvu que vous soyez dans sa proximité. C'est cette même qualité de présence qui explique que, lorsque certaines personnes surgissent, le bébé en pleurs se calme soudainement, les disputes échauffées s'apaisent, les colères désenflent, l'anxiété décroît... Comment est-ce possible ?

Quelles personnes peuvent être ou devenir ainsi ?

Est-il possible de les identifier et de s'en approcher ?

La déesse mère et le Soleil

Ces personnes, qui ont une intensité d'être, qu'ont-elles de plus ?

Quelles sont leurs vertus et comment les reconnaître ?

Elles sont lumineuses. Plus. Elles sont solaires. Directement reliées à la source, à l'énergie solaire.

Le Soleil donne la vie sur Terre, et si ses rayons ne nous parvenaient plus, toute vie cesserait sur

La déesse Isis et le soleil

« Je suis la Nature, mère des choses, maîtresse de tous les éléments, origine et principe des siècles, divinité suprême, reine des Mânes, première entre les habitants du ciel, type uniforme des dieux et des déesses. C'est moi dont la volonté gouverne les voûtes lumineuses du Ciel, les souffles salubres de l'Océan, le silence lugubre des Enfers.

Puissance unique, je suis par l'univers entier adorée sous plusieurs formes, avec des cérémonies diverses, avec mille noms différents. Les Phrygiens, premiers nés sur la Terre, m'appellent la Déesse Mére de Pessinonte ; les Athéniens autochtones me nomment Minerve la Cécropienne ; chez les habitants de l'île de Chypre, je suis Vénus de Paphos ; chez les Crétois armés de l'arc, je suis Diane Dictynna ; chez les Siciliens qui parlent trois langues, Proserpine la stygienne ; chez les habitants d'Eleusis, l'antique Cérès. Les uns m'appellent Junon, d'autres Bellone ; ceux-ci Hécate, ceux-là la Déesse de Rhamnonte.

Mais ceux qui les premiers sont éclairés par les rayons du Soleil naissant, les peuples de l'Éthiopie, de l'Asie et les Égyptiens, puissants par leur antique savoir, ceux-là seuls me rendent mon véritable culte et m'appellent de mon vrai nom : la Reine Isis. »

Apulée, *Les Métamorphoses ou l'Âne d'or*, XI, 4.

notre planète. Le Soleil est une puissance qui apporte chaleur, lumière et vie, mais aussi qui unifie et vivifie. C'est le plus grand et le plus lumineux symbole d'énergie, donc du vivant et de la création. De plus, le Soleil est relié à la clarté, et c'est aussi un symbole de la « clarté d'esprit », de la conscience, car il révèle les choses au grand jour, il éclaire, comme il éclaira d'ailleurs les amours adultères d'Aphrodite et d'Arès, dans la mythologie grecque.

Dans la mythologie égyptienne, le Soleil est relié à Isis, qui le porte sur sa tête, entre deux cornes de taureau, et l'on voit bien la connotation de fertilité auquel le Soleil est associé. Isis représente aussi le pouvoir guérisseur de l'amour. Elle est la déesse mère, une déesse solaire qui triomphe de la mort par l'amour, en reconstituant les membres de son époux Osiris, dépecé par la rage de Seth.

Isis est considérée par Apulée, et d'autres textes anciens, comme l'élément solaire et divin qui unifie, rassemble et transcende la division.

Ainsi, les êtres solaires ont ce pouvoir unificateur et créateur.

Ils rayonnent et vous rendent, à votre tour, créatifs, fertiles et vivants.

À leur contact, votre potentialité peut s'actualiser, vous pouvez optimiser votre propre croissance intérieure, et davantage vous réaliser.

Ils ont déjà fait le ménage autour d'eux

Mais attention, il faut bien se souvenir que ces êtres solaires ont déjà fait le ménage autour d'eux !

Tant que vous n'aurez pas cheminé un peu, non seulement vous ne les rencontrerez pas (votre espace proche étant alors « saturé » par les présences toxiques), mais encore ils ne voudront pas de vous !

Un être solaire sait repérer les présences toxiques, les ignorer et les tenir à distance.

Détermination et humilité

L'être solaire ne vous acceptera donc dans son champ de conscience que si vous êtes bien déterminé à progresser sur ce chemin de la dimension solaire, et non à vous complaire dans une pollution psychique quotidienne. Cela est un point essentiel car la rencontre n'est pas due à la chance ni au hasard. Non, la rencontre dépend de vous, de votre détermination à devenir un être solaire. Cela suppose aussi d'aiguiser votre regard pour rencontrer l'être solaire, mais également de le respecter dans toute sa dimension.

Si vous oubliez l'humilité, nécessaire à toute progression, toute tentative sera vouée à l'échec.

Tout d'abord, prenez garde à bien identifier les présences toxiques pour vous mettre à distance.

Alors, bien évidemment, une fois que vous aurez mis à distance les présences toxiques, que vous saurez identifier les êtres solaires, attention ! Ne vous positionnez pas dans la captation, car vous deviendriez toxiques à votre tour. Il s'agit plutôt ensuite de se laisser irradier, de reconnaître la qualité de ce rayonnement, de lui rendre grâce, et d'être reconnaissant de pouvoir en bénéficier. En revanche, si vous identifiez un être solaire, et que vous vous mettez en posture de prédation, avec tout le « cocktail » dont nous avons déjà parlé, l'avidité, l'envie, etc., vous aurez perdu une occasion précieuse de grandir en qualité de présence. Et vous serez débouté.

Donc, le premier mouvement, le mouvement déterminant, est toujours en vous.

Vous rencontrerez des êtres solaires lorsque vous aurez fait le ménage dans votre vie, lorsque vous ferez preuve de détermination et d'humilité.

Le sourire

Vous pouvez identifier les êtres solaires par le sourire. Ces êtres qui irradient sur vous une forme de bien-être ont toujours le sourire, quels que soient les événements qui traversent leur vie. Le sourire apparaît chez le bébé entre son trentième et son quarante-cinquième jour d'existence, pour expliquer son contentement à la vue d'une personne familière, à l'écoute d'un son mélodieux ou après un repas. Un sourire sincère est un don de présence à l'autre, un accueil, la possibilité d'une rencontre. Le sourire éclaire le visage et l'anime, et certains grands artistes se sont exercés à figer cette fugacité du sourire, tel Léonard de Vinci avec le portrait de la *Joconde*, où le sourire s'ébauche sur le visage de Lisa Gherardini. L'ange au sourire du portail central de la cathédrale de Reims sourit aux visiteurs pour leur bienvenue, les accueille sans restriction au sein de l'édifice sacré.

Un sourire dénoue les tensions du visage, apaise vos tourments — que vous le receviez ou que vous en soyez l'auteur — et y fait rayonner la sérénité. Le sourire éternel de Bouddha est une invitation au voyage intérieur vers la bienveillance inconditionnelle.

Dans l'Égypte et la Grèce anciennes, les statues sont très souvent représentées avec un sourire de félicité. Aménophis II, le pharaon le plus prospère de la XVIIe dynastie, fut aussi l'un des plus souriants, à en croire ses représentations. Les vestiges de la civilisation étrusque semblent également indiquer une civilisation du sourire. Ce sourire proche du rire engendre une sympathie qui nous fait renouer avec notre part enfantine et innocente, celle de la joie d'un cœur pur.

Un sourire est un accueil simple et chaleureux, comme une marque distinctive de notre humanité. Sourire donne l'indication désintéressée d'une empathie envers autrui. **Par le sourire qui vous est adressé circule la reconnaissance de votre humanité. Le sourire émane d'un humain qui reconnaît un autre humain.**

> « Celui qui est tombé ne tombe plus
> Quand il atteint le bas.
> Mais c'est à ce moment qu'il a mal. Et pourquoi ?
> Parce qu'il ne sert pas.
> Il a lâché le **seul** appui : l'Insaisissable, il l'a lâché.
> Il a tenté de saisir le saisissable et cela l'a meurtri.
> Ce n'est pas maintenant qu'il a commencé sa chute,
> Mais c'est maintenant qu'il a touché le fond.
> Seul le SOURIRE UN, indivisible, peut l'aider.
> Lorsque vous êtes **ensemble**, les affligés et toi,
> Tu t'affliges toi aussi.
> Si tu deviens **uni** à eux, tu les rends joyeux. »
>
> Gitta Mallasz, *Dialogues avec l'ange*, Paris, Aubier, 1990.

L'empathie mesurée

Cette reconnaissance se fonde sur une empathie primordiale. L'empathie se distingue de la compassion car il ne s'agit pas de « souffrir avec », comme la compassion le recommande, mais de s'unir à l'autre en développant la faculté de ressentir ce qu'il ressent. L'empathie est un sentiment plus profond de communion avec d'autres humains.

Pour faire du bien aux autres, surtout par sa seule présence, il faut du cœur, de la bienveillance, de l'amour. Cette ouverture à l'altérité permet d'accueillir son prochain avec empathie, de lui réserver la place qu'il mérite dans ce monde, et de considérer, à tout le moins, qu'il en a une. Cela ne signifie pas que l'être solaire ne souffre pas, mais qu'il est dans la possibilité de transcender la souffrance pour contacter l'être profond de l'autre, loin de la sphère purement égotique. Cette ouverture est aussi la marque d'une grande générosité, d'un désir de partage et de don. L'empathie n'est pas un outil, mais une qualité d'être, qui s'adresse à tous et ne sélectionne pas *a priori* les êtres. Elle suppose le primat de l'altérité, parfois au détriment de ses propres intérêts. Mesurons à quel point l'empathie est difficile à atteindre et, dans le même temps, interrogeons-nous sur une étrange époque, la nôtre, où l'empathie est dévalorisée (la meilleure façon de l'identifier est de s'apercevoir que les métiers d'empathie sont désormais méprisés et inconsciemment réservés aux femmes, elles-mêmes toujours sujettes à dévalorisation, quoi qu'on en dise) ou, au contraire niée dans son excès (l'incitation à s'émouvoir d'empathie pour tout un chacun, même pour les pires bourreaux qui n'éprouvent aucun remords).

L'empathie est donc bénéfique pour celui qui la reçoit comme pour celui qui la donne, et elle appelle un cercle vertueux, car celui qui la reçoit peut être suffisamment touché pour la développer à son tour. L'empathie rend également intelligent ! Car développer la faculté de se mettre à la place de l'autre permet d'ouvrir les champs de conscience, d'accéder à d'autres points de vue, d'autres perspectives, d'autres sentiments, et d'augmenter la compréhension de l'univers et des êtres humains.

En revanche, il ne s'agit pas de tout donner de soi. **L'être solaire ne cherchera donc pas votre bien à votre place et ne se sacrifiera pas pour vous…**

Pensez à l'adage populaire « ne pas donner de la confiture aux cochons » (« Ne jetez pas vos perles aux porcs, de peur qu'ils ne les piétinent et que, en se retournant, ils ne vous déchirent », disait le Christ) : en clair, si vous possédez un savoir précieux, divulguez-le, mais sélectionnez les personnes. De même, cultivez vos belles émotions bien sûr, mais ne les donnez pas nécessairement sans discernement, car si vous rencontrez l'une des présences toxiques que nous avons citées, elle saura capturer toutes ces belles émotions pour vous détruire, et non pour servir une œuvre de création et de construction. Or, vous auriez pu mettre ces belles émotions au service de personnes qui en auraient fait leur miel pour servir le vivant.

En définitive, la question pourrait être : au service de quoi vous décidez de vous mettre ?

Si vous décidez fermement de vous mettre au service d'un vivant, de la création, de la croissance intérieure, alors vous ne pouvez plus donner de la confiture aux cochons ni des perles aux pourceaux, mais vous pourrez servir d'exemple à tous en travaillant à votre propre croissance intérieure et à votre élévation.

Vous aiderez autrui véritablement en incarnant une belle présence.

La tendresse

La tendresse est une vertu souvent oubliée, alors que ses bienfaits sont considérables. Porter un regard tendre sur soi-même et sur autrui est guérisseur. Attention, tendre ne veut pas dire complaisant !

Mais la tendresse est la manifestation d'un amour protecteur, qui n'attend rien d'autre que l'existence joyeuse d'autrui. Elle est elle-même l'attachement sans aucune contrainte, l'affection qui enveloppe autrui de chaleur, lui permet de s'épanouir et de se déployer. Cette tendresse se rencontre dans le monde animal, elle est précisément cette chaleur solaire qui apaise, repose et rassure, et que l'on peut donner comme recevoir aussi de son chien et de son chat.

Le seul mot « tendresse » appelle la tendresse, aussi n'hésitez pas à l'invoquer chaque jour pour qu'elle affine vos attitudes, vos comportements, envers vous-même et tout autre être vivant qui croise votre chemin.

Le regard et la voix

Une personne qui nous fait du bien vit cette présence en toute humilité, à l'inverse des êtres arrogants qui prétendent nous faire du bien, le revendiquent et s'en targuent. Comme souvent, plus la personne vous en parle, moins elle le pratique.

Le regard de l'être solaire laisse deviner cette force tranquille, cette façon légère d'accueillir les événements qui nous arrivent et de transmettre ce sourire. Mais ce regard est aussi un regard sur la vie, une vie perçue comme une chance, et non une contrainte. C'est le fameux adage « voir le verre à moitié plein ou à moitié vide » : sur quoi portez-vous votre attention ? Et si nous décidions que la vie est une chance ? « La vie est une chance, saisis-la », disait Mère Teresa.

La voix, cette « musique de l'âme » comme la définissait si bien la chanteuse Barbara, est aussi un indicateur. La voix se travaille et incarne l'émanation intime de la personne, comporte des indices sur l'affectivité et les émotions ressenties. Elle peut calmer tout autant qu'exciter, plaire autant qu'irriter. Chez les êtres qui font du bien par leur seule présence, la voix est souvent chaleureuse, empreinte de douceur et de calme.

« Ne laissez personne venir à vous et repartir sans être plus heureux » (Mère Teresa)

Les êtres qui font du bien par leur seule présence semblent avoir une zone d'influence, **une aura** : dès qu'ils sont présents dans une pièce, leur influence positive s'étend, un charme lumineux se répand autour d'eux, ainsi que de la joie, de la sérénité, de la force. Cette lumière est souvent jointe à une certaine forme de spiritualité profonde, que celle-ci soit consciente ou non. L'aura permet, si l'on entre dans la zone d'influence, de bénéficier du bien-être, de l'énergie véhiculée, de cette force tranquille et peut-être même, au fond, de l'optimisme de ces êtres.

Il y a dans cette présence comme **un don de soi**, une générosité.

Mais le don de soi n'est pas le sacrifice de soi, ce qui impliquerait une négation de son être propre.

Le don appelle l'échange, le partage, le contre-don et, en ce sens, est vecteur d'une circulation positive entre les êtres et fondateur de l'humanité.

Le calme et la douceur

Les êtres qui font du bien aux autres pratiquent le recueillement, sous des formes diverses. Certains privilégient la prière, d'autres la contemplation, d'autres encore se replient du monde. Tous, à un moment donné, reviennent en eux-mêmes pour s'y ressourcer et y développer la sérénité, une forme de réassurance et d'apaisement. Cela suppose une écoute intime de ses ressentis, de ses « vibrations » intérieures pour améliorer la qualité et la nature des émotions vécues. J'ai développé par ailleurs une série d'exercices pour apprendre à identifier sa « météo intérieure », ainsi qu'à déployer son espace de sécurité intérieure[1]. Ce calme prépondérant, loin des agitations traditionnelles de nos

1. Ariane Bilheran, *Se sentir en sécurité*, Paris, Payot, coll. « Petite Bibliothèque Payot », 2018.

émotions et de nos soucis, a des vertus contagieuses. Le calme et la douceur[1] des êtres qui font du bien par leur seule présence viennent apaiser nos anxiétés.

L'enthousiasme

L'enthousiasme peut venir assouplir notre chagrin, le diminuer. Dans l'étymologie grecque, l'enthousiasme désigne la présence du divin en soi, l'accueil en soi d'une dimension de l'infini et de l'éternité. Avec l'enthousiasme naît l'espoir, une forme d'optimisme confiant ainsi qu'une joie absolue, cette béatitude qu'avaient déjà décrite les philosophes Plotin, Pascal, Spinoza et Nietzsche, qui transforme et dynamise le sujet, par une forme de présence divine en lui, qui affecte quiconque contemple le Bien et le Beau (qui, rappelons-le, sont à distinguer de l'agréable et du plaisant, car les premiers sont universels et reconnus de tous, sans exception).

Ainsi, l'être qui fait du bien par sa seule présence vous comprend, c'est-à-dire, étymologiquement, il vous prend avec lui, à ses côtés. Son moteur premier est l'amour, et non la haine ; il vit dans le respect de l'être, de sa vibration

1. Anne Dufourmantelle, *Puissance de la douceur*, Paris, Payot, 2013.

intime, voire, pour certains, dans une forme de dépouillement, fruit d'une démarche spirituelle.

L'accueil sans condition

Celui qui vous fait du bien par sa seule présence ne cherche pas à tout prix à vouloir votre bien. Il vous accepte et vous accueille, tel quel vous êtes, au-delà de vos défauts, de vos manques, de vos lacunes. La relation est fluide, l'accueil est sans condition, et cette présence bénéfique vous permet de grandir intérieurement.

L'harmonie

La mythologie nous parle de la déesse Harmonie, fille du dieu de la Guerre Arès et de la déesse de l'Amour Aphrodite. Sur le plan symbolique, l'harmonie est donc **le fruit de la résolution de la guerre dans l'amour**, puisque sa conception est le produit du dieu de la Guerre qui aime la déesse de l'Amour, ainsi l'amour triomphe…

Attention, cette harmonie n'est obtenue qu'en articulant la recherche du Beau, du Vrai, du Bon et du Bien, c'est-à-dire ce carré parfait qui fera de nous un être meilleur. Ces quatre qualités ne sont pas relatives. Il n'existe pas

« des vérités », « des beautés » selon les goûts, des qualités moralement bonnes pour certains, mais pas pour d'autres.

C'est ce que nous ont enseigné les Anciens, et nous avons perdu ce principe. En perdant ce principe, nous avons perdu notre phare dans la tempête. Ce relativisme du Beau, du Vrai, du Bon et du Bien a fait chuter la valeur et la qualité de la recherche intérieure. Rappelons-nous pourtant qu'une chose peut être belle mais ne pas être vraie, une chose peut être vraie sans être bonne, etc. La recherche de l'harmonie suppose celle de l'alignement entre le Beau, le Vrai, le Bon et le Bien.

Une autre dimension : l'âme

Revenons à la définition de la présence, donnée en introduction.

La présence est l'incarnation de l'âme dans un corps, qui relie son immanence à sa transcendance dans l'ici et maintenant.

Le mystère (au sens étymologique : ce qui est caché, en grec ancien) de la qualité de présence réside dans l'âme, et dans ce lien du corps à l'âme. J'entends bien sûr réhabiliter la notion d'âme. Toutes les plus grandes civilisations données dans l'histoire humaine ont reconnu l'âme.

Les êtres dont la présence vampirise, de même que ceux qui s'investissent d'un pouvoir jugeant et critique sur autrui ont perdu ou vendu la connexion à leur âme, pour un moment ou davantage. Ceux dont la présence est un fardeau pour eux-mêmes et autrui ont également oublié la connexion à leur âme. Ils sont engoncés dans la matière, la matérialité de leur souci, et ne parviennent plus à « décoller » pour accéder à la moindre transcendance qui se manifesterait aussi par une confiance dans la vie, une parcelle d'espoir, une lueur dans le marasme des soucis dont ils s'estiment affligés.

Et puis, il y a tous les autres, c'est-à-dire nous, qui, sans nécessairement relever de la présence toxique, nous intoxiquons nous-mêmes au travers de nos tendances et de notre travers relationnel. Par nos angoisses, nous pouvons envahir l'espace de l'autre, devenir insistants, maltraitants…

LE PRINCIPE D'AUTO-ORGANISATION

L'auto-organisation est un principe essentiel du vivant humain, à partir duquel les philosophes, depuis l'Antiquité, ont forgé la notion d'âme.

Une montre a besoin d'un mécanisme extérieur : la cause qui active le mécanisme est extérieure, n'est pas contenue dans la nature même de la montre. Il faut un être humain qui se charge de monter le mécanisme.

En revanche, le corps humain n'a pas besoin d'être activé de l'extérieur, un être organisé n'est pas une machine, car il possède justement une vertu d'auto-organisation, une énergie interne qui le met en mouvement et ne se réduit pas au mécanisme.

Or, ce qui met en mouvement l'être auto-organisé, le principe de vie, est précisément son âme, ce qu'avait déjà découvert Aristote en 330 av. J.-C. lorsqu'il décrivait l'âme comme « une seule substance qui a pour matière le corps » et comme « l'acte premier d'un corps organisé[1] », principe et siège de l'activité vitale.

Lorsque nous perdons la connexion à notre âme, c'est bien souvent parce que nous avons confié cette « auto-organisation » à autrui, sur le plan psychique. L'on peut être dans une dépendance physique, par exemple en cas de respiration artificielle, et rester connecté à son âme. En revanche, l'on peut être valide mais avoir perdu tout ou partie de la connexion à son âme en tant que principe d'unité. Tout être qui a subi un traumatisme, par exemple, sait qu'il y a un avant et un après. Le contraire de l'être éveillé, celui qui est en connexion unifiée à son âme, est bien le barbare, celui qui n'a plus le respect de la valeur du vivant. Dès lors, chacun doit chercher à retrouver le chemin de l'unité, celui de la symbiose avec

1. Aristote, *De l'âme*, Paris, Gallimard, coll. « Folio Essais », 2005, p. 412-427.

son âme, avec cette innocence et cet imaginaire originel.

L'âme est, en grec ancien, la *psyché*, ce qui signifie en clair que *la psychologie traite de ce qui relève de l'âme.* Notre époque semble parfois l'avoir oublié, et dénie l'existence de l'âme au profit lucratif d'une existence gérée par la matière, la matérialité suprême, où il est interdit de penser, sous peine de ridicule, que la croyance en un au-delà pourrait nous sauver des errances de notre incarnation. L'être humain est incapable de vivre sereinement sans une pensée de l'au-delà. Pire, il est incapable de s'élever en humanité sans cela. Car l'humain a pour fonction de se transcender, c'est-à-dire, précisément, **de développer l'esprit au-delà de la matière.** D'ailleurs, désirer signifie étymologiquement regarder vers les astres…

La dimension de l'âme n'est donc pas à laisser au champ religieux, nous devons nous la réapproprier dans notre quotidien, dans notre vie puisque, chaque jour, l'âme nous anime. Elle surgit parfois dans cette petite voix intérieure qui nous suggère plutôt telle ou telle direction ; elle se manifeste dans le sentiment d'une transcendance, lorsque nous parvenons à prendre de la hauteur sur nos soucis quotidiens.

Psyché a pour dénominateur *Pneuma*, le souffle. Le corps du nourrisson s'anime avec le souffle, la première respiration. L'âme est alors entrée dans la matière. En latin, l'*anima* désigne l'âme, ce qui anime la matière, et est à l'origine du terme « animal ». De grands philosophes et sages de l'histoire de l'humanité (notamment Platon et Pythagore) ont développé la question de l'immortalité de l'âme, qui se réincarnerait vie après vie pour parfaire son enseignement.

L'IMMORTALITÉ DE L'ÂME

Dans *Le Phèdre, dialogue sur l'amour*, rédigé par Platon, Socrate entreprend de définir l'âme.

« Toute âme est immortelle. En effet ce qui se meut toujours est immortel » (245b). L'âme est l'être qui se meut soi-même, source et principe du mouvement. Puis Socrate déploie le célèbre mythe de l'attelage ailé.

L'âme parfaite porte des ailes (246a) et s'élève dans les hauteurs.

L'âme imparfaite a perdu ses ailes[1], et est entraînée jusqu'à ce qu'elle saisisse quelque chose de solide où elle établit sa demeure, notamment un corps terrestre qui se meut de son propre mouvement grâce à la force qui appartient à l'âme. La divinité est un être vivant immortel, pourvu d'une âme et d'un corps naturellement unis pour toujours.

L'âme participe au divin, elle a le pouvoir d'entraîner vers le haut ce qui pèse. Socrate

1. On retrouve ici la notion de « chute », comme dans les religions monothéistes.

définit alors le divin comme le beau, le sage, le bon. Le divin nourrit et développe les ailes de l'âme tandis que la laideur et le mal causent ruine et destruction de l'âme.

Les âmes immortelles montent facilement avec leur attelage ailé, puis elles atteignent le sommet, se dressent sur le dos de la voûte céleste et se laissent emporter par la révolution circulaire, contemplant les réalités qui sont en dehors du ciel.

« Dans toutes les incarnations, l'homme qui a mené une vie juste reçoit un meilleur lot, et un lot moins bon dans le cas contraire. »

Et le choix de l'âme est libre. Si l'âme est incarnée, c'est qu'elle a jadis contemplé les beautés célestes et les vérités éternelles : beauté, justice, sagesse. Seul un petit nombre s'en souvient, et lorsque les âmes aperçoivent une imitation du beau ici-bas, elles sont hors d'elles-mêmes et ne se possèdent plus. Elles savent reconnaître la beauté des choses célestes.

Les êtres humains qui ne les voient plus et ne les reconnaissent plus sont ceux dont l'initiation n'est pas récente, ou bien qui se sont laissés corrompre. Ils ne s'élancent point rapidement vers la beauté en soi et ne sont attirés que par des plaisirs purement matériels.

L'attelage ailé est porté par deux chevaux, comme autant de forces contraires. Si la partie supérieure de l'esprit l'emporte, c'est que la vie aura été réglée avec amour de la sagesse, conférant bonheur et union. Si la vie aura été menée de façon grossière, sans amour de la sagesse, alors il y aura chute.

L'amour terrestre est une image de l'amour céleste, mais imparfaite. Il doit nous conduire à nous élever, à ne pas rester dans la matérialité, car la divinité est l'unité du matériel et du spirituel.

Dans ce mythe, l'on reconnaît bien la fonction du divin, qui est d'unir, alors que le mal divise (voir l'étymologie de diable *supra*).

La République de Platon comprend la démonstration de Socrate sur l'immortalité de l'âme, ainsi qu'une définition du bien et du mal : « que tout ce qui perd l'être et le détruit, c'est là le mal, que ce qui le conserve et le conforte, c'est là le bien » (608d). Dans la théologie initiatique en Grèce ancienne, l'âme, marquée par une souillure originelle, est condamnée à un cycle d'incarnations dont seule l'initiation pourra la conduire vers une survie bienheureuse où l'humain rejoint le divin.

Ce passage comprend ensuite la notion de justice divine, de rétribution karmique en fonction des fautes commises.

La réincarnation, telle qu'elle est décrite par Platon, se fonde sur les enseignements ésotériques de Pythagore. L'idée initiale est que l'humain a subi une chute originelle, dont il doit travailler à se relever, au travers de ses nombreuses incarnations qui sont autant de sources d'apprentissage.

Il ne s'agit pas, quant à nous, de poser la question stérile de savoir si le récit de la réincarnation des âmes dans *La République* de Platon est une fiction ou une réalité, mais de s'interroger sur l'intérêt du récit mythique, sur la dimension inconsciente dont il fait part.

D'ailleurs, Socrate dit qu'il croit aux mythes[1] et qu'il va au-delà de la simple explication scientifique. Il propose **non pas d'examiner le mythe, mais soi-même à travers le mythe, pour apprendre à se connaître soi-même**. Il est donc absolument vain de passer du temps à regorger d'explications scientifiques sur le mythe. Le mythe nous aide à mieux nous connaître, il est inutile de savoir si cela a existé ou non, ce n'est pas sa fonction.

Il est à noter que cette conception de l'âme se retrouvait chez les orphiques et les pythagoriciens et que, d'une certaine façon, elle a été reniée par les religions monothéistes ensuite, du moins dans le dogme officiel. Il est certain qu'il est plus difficile d'envoyer des peuples entiers à la guerre pour des raisons politiques, si chacun se dit qu'il devra répondre de ses crimes dans des vies ultérieures ! Car si vous tuez votre prochain, vous accumulerez une « dette »

1. Platon, *Phèdre*, 229c-230b.

karmique dont vous devrez vous apurer lorsque vous le rencontrerez dans une prochaine vie : cela ne vous incite-t-il pas à réfléchir autrement aux conséquences de vos actes ? De plus, cette croyance présente le mérite d'ouvrir la conscience à un autre espace-temps et, en cela, favorise tout simplement ce que l'on appelle **l'ouverture de conscience**. L'être humain est alors remis à sa place dans la logique humanisante de l'avant et de l'après.

À tout le moins peut-on constater les vertus de cette croyance, pourvu qu'elle ne soit pas détournée de son objet ou pervertie dans des pseudo-théories perverses disant que si vous souffrez dans votre vie actuelle, c'est que vous l'avez mérité ! Car là n'est pas la question. La véritable question est plutôt initiatique : **comment transformer cette souffrance en enseignement ?**

Compte tenu de l'importance de ce que nous devons aux Grecs anciens (la philosophie, les mathématiques, la géométrie, l'architecture, la médecine, les pompiers, les routes, les lois, la démocratie, etc.), nous pouvons raisonnablement écouter leur savoir en matière ésotérique, sans le balayer d'un revers de la main, sous le joug des siècles d'Inquisition que l'Europe a pu traverser. Pythagore, dont nous n'avons malheureusement retenu que les mathématiques, mais qui possédait une école initiatique avec des enseignements ésotériques de haut vol et inventa le terme de « philosophe » pour dire

« celui qui aime la sagesse », fut d'ailleurs qualifié par Hegel de « premier maître universel », dans ses *Leçons sur l'histoire de la philosophie.*

Le terme « âme » désigne la vie humaine, mais aussi ce qu'il y a de plus intime en l'homme, de plus grand et de plus profond en lui. L'âme est donc l'élément spirituel de l'être qui l'appelle à une transcendance. Les deux expériences de vie où l'on ressent le plus l'âme sont à « l'entrée » et à « la sortie » de la vie humaine. Lors d'une naissance, chacun ressent qu'il se passe quelque chose de magique. Le regard des bébés est souvent très profond et chargé de vie. De même, lors d'un décès, au moment du décès, l'âme sort du corps et les personnes ayant perdu des proches ont pu ressentir ce passage, ce moment où le souffle s'éteint. C'est pour ces deux raisons que le contrôle de la naissance et de la mort sont des questions qui sont loin d'être anodines à notre époque, et il est bien dommage que les comités éthiques censés réfléchir à ces questions ne prennent pas en compte cet argument pourtant défendu par les plus grands philosophes, et qui est somme toute majeur, car il déplace le débat à un autre endroit que dans le simple consentement de la personne. Mais que dire quand l'on commence à peine à redécouvrir « le fil à couper le beurre » avec les recherches sur les expériences de mort imminente, alors que ces dimensions sont décrites depuis l'Antiquité ?

Les êtres solaires sont des êtres qui ont ce « supplément d'âme », c'est-à-dire sont plus proches de leur âme que les autres et sont davantage unifiés à elle.

Revenons à la qualité de présence, qui suppose l'harmonie de l'âme, c'est-à-dire une unité entre le corps et l'âme, ainsi qu'une beauté de l'âme. Cette harmonie se manifeste par un amour de la vie et se traduit par une façon renouvelée d'apprécier la vie, la découverte d'autres manières pour l'aborder, une plus grande force personnelle et de meilleures relations avec autrui. Ces personnes qui ont une qualité de présence deviennent douées **pour voir le bien pouvant résulter de moments difficiles**. Elles prennent soin de leur corps et de leur esprit, savent gérer leur stress, sourient, s'investissent dans des projets constructifs et apportent un niveau optimal d'énergie et d'enthousiasme à ce qu'elles font. Mais surtout, elles nourrissent leur âme, parfois sans le savoir, en cultivant de belles émotions qui sont essentielles à la richesse psychologique et au bonheur, car elles nous aident à nous connecter avec ce qui nous dépasse. Cela leur confère une confiance dans la vie avec un but, un sens, des valeurs auxquelles elles tiennent, et des résultats positifs.

Au quotidien, la personne a un certain détachement avec les situations. Elle connaît la valeur du temps, car « patience et longueur de temps font plus que force ni que rage[1] », et sait que les crises sont plus des étapes de transformation dans un processus au long cours qu'une fin sans appel et sans issue.

Elle sait, parce qu'elle l'a appris, **prendre de la hauteur, prendre de la distance, prendre le temps de la réflexion, réagir avec mesure et discernement.**

Un surcroît de vie

L'amour de la vie réside dans l'hommage rendu à son caractère sacré, c'est-à-dire dans sa manifestation entendue comme celle d'un principe supérieur, transcendant, civilisateur. La présence de qualité, celle qui vous fait du bien, vous procure, le temps d'un instant, « un surcroît de vie », comme une hiérophanie, une apparition du sacré de la vie. L'écrivain Roger Caillois disait « le sacré est ce qui donne la vie et ce qui la ravit ». Chacun d'entre nous peut éprouver cette hiérophanie lorsque nous nous retrouvons dans un endroit de nature qui paraît parfait dans sa géométrie, son harmonie impeccable, sa beauté. Nous éprouvons alors le sentiment du sublime, c'est-à-dire le sentiment d'être infiniment petits par rapport à l'infiniment

1. Jean de La Fontaine, « Le Lion et le Rat » in *Fables*.

grand, et c'est dans cette humilité que se nichent toute à la fois l'humanité et sa grandeur. Dans la présence qui nous fait du bien, il existe cette dimension, comme si, dans cette rencontre sans que les mots ou les gestes soient nécessaires, le sacré de la vie pouvait se manifester. Après tout, le monde chez les Grecs anciens, se disait *cosmos* et signifiait « ordre » : avec ces êtres qui font du bien par leur seule présence, tout semble « en ordre » dans la vie du monde.

Nous avons évoqué la présence toxique de certains êtres, nous pourrions même dire *néfaste.* Ceux-là sèment le désordre. La présence de qualité, au contraire, pourrait être définie comme *faste*, au sens étymologique, c'est-à-dire favorable mais surtout joyeuse (« faste » nous ayant donné « fête »). Les *fasti* romains ou jours fastes sont étymologiquement à rapprocher du mot latin *fas*, qui signifie « permis ». Ainsi, ces êtres qui font du bien par leur seule présence s'autorisent, se permettent d'être en adéquation avec leur être, et non à faire tout et n'importe quoi ! Mais l'étymologie nous conduit aussi au *fatum*, au « destin ». C'est comme si leur âme était au clair avec leur destinée, ce qui leur confère cette confiance, cet amour de la vie. Allons plus loin : tous ces termes ont pour racine le verbe latin *fari*, qui signifie « parler ». En somme, ces présences fastes parlent avec notre âme, sans avoir besoin de mots pour le dire, ni de gestes. Vous vous sentez plus joyeux, tout simplement, par le lien indescriptible qui articule la fête et la joie. Ainsi, la présence faste fait naître la joie.

Pour le philosophe Spinoza, l'essence de l'humain est le désir. L'humain, pour se délivrer de ses chaînes, doit se défaire des servitudes, de la tyrannie, des passions, et **cultiver la joie qui est l'ensemble des jouissances du corps et de l'esprit.** Spinoza décrit la joie (*laetitia*, en latin), comme « le passage de l'homme d'une moindre à une plus grande perfection[1] ». Elle augmente nos forces et la réalisation de nous-mêmes. Elle nous incite à persévérer dans l'existence, favorise la cohérence intérieure, encourage l'amour de soi. Pour le philosophe Henri Bergson, la joie est le signe d'un accomplissement, d'une réussite et d'un achèvement. Elle est l'indice du sens de l'existence humaine.

La joie traduit le triomphe de la vie

La joie est reliée au vivant. Elle n'est pas le plaisir, qui est un artifice, qui n'est jamais durable, tandis que la joie demeure ! Toute grande joie est la conséquence d'une création :

1. Baruch Spinoza, *Éthique*, partie III, appendice, définition II, traduit par Bernard Pautrat, Paris, Points Essais, 2014.

joie de l'accouchement, joie de l'entreprise… Le sens de la vie serait joie et création.

La joie est aussi la manifestation de la création : nous sommes toujours joyeux de contempler nos créations lorsqu'elles vivent et croissent indépendamment de nous.

L'être solaire est susceptible, par sa présence, d'intensifier votre présence, de vous donner le goût de la vie, de l'action généreuse, de la « folie » qui humanise.

La joie dont je parle ici n'est pas un plaisir inconscient qui nie les souffrances du monde, mais une émotion ou un sentiment de satisfaction spirituelle qui emplit la totalité de la conscience. En ce sens, il s'agit même plutôt d'une béatitude. Dans la présence faste, vous vous sentez mieux, comme habité subtilement et progressivement par cette fusion entre votre corps et votre esprit.

Car, que pouvez-vous faire de mieux pour l'humanité que vous-même montrer le chemin de la joie, quelles que soient les épreuves traversées ? De nourrir la candeur émerveillée devant la beauté de la nature et de certains êtres qui deviennent des paradigmes, des modèles à suivre pour que vous alliez mieux vous-même, et ainsi autrui autour de vous et, par ricochet, d'autres encore ?

Il me semble, sans dévoiler de trop ce qui va suivre, que c'est avant tout une affaire de regard… Les personnes auprès desquelles l'on se sent bien portent un autre regard sur les choses, dans une société folle qui vous commande d'amasser, de posséder, de vous inquiéter (pour votre santé, pour votre travail, pour l'avenir...), d'être décentré de vous-même en ayant souvent le sentiment d'un quotidien dénué de sens... Vous n'avez plus le temps ni de vous écouter, ni de porter un regard simple sur ce qui vous entoure. Un regard simple est un regard enfantin : apprendre à s'émerveiller, à s'enthousiasmer, à décoder la magie du quotidien, à identifier ce qui est beau et réjouissant, sans que cela soit nécessairement spectaculaire.

Un certain détachement

Les êtres solaires peuvent être pluriels, bien que les qualités requises soient assez concordantes, comme je l'indiquerai *infra*. Dans tous les cas, ils présentent un certain détachement envers des choses qui seraient importantes — voire cruciales — pour d'autres. Ils ne s'agrippent ni à une émotion, ni à un désir de possession, ni à une angoisse. Cette souplesse psychique leur permet de ne pas se formaliser, de ne pas prendre mal les choses, de ne pas s'entêter dans des chemins qui ne leur correspondent pas et sur lesquels ils ne cessent de rencontrer des obstacles. Elle se travaille par les émotions et les valeurs que l'on cultive en soi-même : émotions de bien-être, de paix, de générosité, optimisme, sens de l'hospitalité. Elle est la route vers la liberté, car la liberté suppose de se défaire des attaches matérielles et passionnelles qui sont les nôtres.

Se + welcome

4

Développer sa qualité de présence

Comment soi-même devenir un être qui fait du bien à autrui par sa seule présence ? Est-ce possible et pouvons-nous au moins y aspirer ?

Le cœur de l'élévation est bien de nous mettre en chemin, **pour nous donner une telle présence bénéfique d'abord à nous-mêmes**. Dès lors, cette présence bénéfique à soi-même déteindra sur autrui par un simple contact, une simple disposition d'être et d'accueil.

Développer sa qualité de présence suppose d'abord de pacifier son rapport à soi-même. Cela semble une évidence, mais il est très difficile d'atteindre un état de sérénité minimale, surtout dans le monde occidental actuel où le lien à la nature, aux vibrations de la Terre, à la puissance des éléments, à une temporalité reliée davantage aux saisons qu'à la rentabilité capitaliste, s'est perdu. L'ironie du quotidien fait que l'humain travaille pour gagner de l'argent qu'il dépense ensuite, et le mythe de Sisyphe n'est pas bien loin. Beaucoup de salariés d'entreprise disent aujourd'hui qu'ils n'aiment plus leur travail et qu'ils n'y trouvent plus de sens. Pourquoi s'infliger une telle punition ? Il n'y a pas de fatalité, l'être humain est aussi un être qui peut développer sa conscience, refuser de subir et se dresser contre le sort auquel on l'assigne malgré lui.

Pour cela, et au préalable, il importe de repérer les failles par lesquelles pénètrent les soucis, les ruminations, les « pollutions » mentales et émotionnelles. Toute faille psychique se distingue par une mauvaise circulation énergétique qui influe sur le psychisme, crée des blocages, des cristallisations, des fixations, des nœuds émotionnels.

L'ego doit être remis à sa juste place

Cela peut être, par exemple, un manque de confiance en soi qui entraîne un doute si fort que la personne adopte des positions rigides qui la rassurent. Ou encore, la personne se sent coincée dans des peurs, alors que la seule peur qu'elle devrait nourrir, c'est bien celle d'être en désaccord de conscience avec elle-même. Souvent, les narcissismes sont écornés. Cela signifie que la personne est blessée dans l'image d'elle-même et que cette blessure peut s'enflammer, s'enfler, comme une cicatrice mal refermée qui gonfle. On dira d'elle qu'elle est « imbue de sa personne », par exemple. Il existe une hypothèse assez répandue dans le milieu du développement spirituel, d'après laquelle il conviendrait de viser la dissolution de l'ego. Interprétée par certains Occidentaux peu avertis, convertis à une mode « New Age » superficielle, cette hypothèse infère l'idée selon laquelle il faudrait « supprimer » l'ego, c'est-à-dire toute image de soi. De mon point de vue, cette théorie est dangereuse et ne correspond pas à la conception orientale des choses. L'ego doit être remis à sa juste place : s'il est trop écorné, il enfle et déséquilibre la personne. En revanche, mis à sa juste place, il permet de trouver un équilibre, un ancrage, un soutien psychologique, et, précisément, de passer à une dimension supérieure de dissolution de l'esprit dans l'amour universel et inconditionnel. En la matière, et encore une fois, tout est affaire de mesure, d'équilibre, d'articulation fluide entre les différentes dimensions de l'être.

La vie est un enseignement

Pour obtenir une qualité de présence et ne pas nous laisser polluer par nos propres conflits et défauts, il est nécessaire de considérer la vie comme un enseignement. Chaque événement malheureux, chaque conflit psychique, chaque source de souffrance peut être subi ou bien dynamisé comme une occasion d'apprendre.

Car, avant toute chose, l'être dont la présence est toxique est rongé par l'angoisse, dirigé par la haine et la dévalorisation de soi et d'autrui. À ses côtés, vous sentez qu'il juge et qu'il se juge de façon négative. Cette propension au jugement le conduit à critiquer autrui en son for intérieur, à lire le monde selon ses projections négatives, son dévoiement moral, à donner des leçons et édicter des principes que, la plupart du temps, il ne respecte même pas dans ses propres faits et gestes. Il se dit victime, se pose en victime, râle, et, ce faisant, s'empoisonne, tout en empoisonnant autrui. Considérer aussi sa propre responsabilité dans les événements qui nous arrivent est toujours très important : c'est à cet endroit qu'il est possible d'apprendre et de tirer un enseignement.

Surmonter des épreuves

L'ÉPREUVE DU JUGEMENT

> « Si tu juges les gens, tu n'as pas le temps de les aimer. »
>
> Mère Teresa.

La première épreuve, pour améliorer sa qualité de présence, est celle du jugement. Elle consistera donc non seulement à se dépouiller de sa tendance à juger, à critiquer, mais encore à éviter d'interpréter le réel au travers du prisme rigide de ses jugements de valeur. Le jugement hâtif et sévère altère souvent le discernement.

Certains individus passent leur temps à critiquer autrui. Si vous en faites partie, proposez-vous l'exercice suivant : dès que vous identifiez que vous êtes tenté de critiquer autrui (son allure, son vêtement, ses remarques, etc.), censurez ce premier mouvement et encouragez-vous à lui trouver des qualités. La beauté du regard que vous porterez sur les êtres améliorera de fait la qualité de la relation à vous-même et aux autres.

LA POUTRE DANS L'ŒIL DU VOISIN...

On juge les autres par crainte d'être jugé soi-même, ce qui suppose, de façon latente, une piètre image de soi, qui se cache sous une

> « Un des aspects de notre mentalité, comme les événements en temps de guerre le montrent éloquemment, se révèle dans les jugements, marqués au coin d'une naïveté outrancière, que nous portons sur l'adversaire, et qui, émis par nous, relatent et trahissent, par une espèce de renversement, la mesure de notre propre incurie ; on accable au fond tout simplement son adversaire de tous les manquements que l'on n'ose s'avouer à soi-même. La poutre est toujours dans l'œil du voisin ; c'est toujours le voisin que l'on critique et que l'on condamne ; c'est toujours lui que l'on aspire à éduquer et à améliorer. »
>
> Carl Gustav Jung, *L'Homme à la découverte de son âme*, Paris, Albin Michel, 1987, p. 236.

prétention. La prétention est liée à l'orgueil, lequel indique souvent, *a contrario*, une dévalorisation profonde de soi. Les orgueilleux sont souvent des gens peu sûrs d'eux, fragiles sur un plan narcissique et qui, pour se protéger de leur crainte du rejet, donnent l'impression d'une opinion exagérée concernant leur valeur personnelle, au détriment de la considération d'autrui. Leur cœur s'endurcit, pour être trop fragile. Les gens qui ne s'aiment pas suffisamment peuvent entraver la vie saine d'une relation. Ils subissent en premier lieu les conséquences de ce déficit d'amour, de cette crainte que l'autre ne les rejette car ils ne seraient pas « assez bien ». Or, comme le veut cette règle universelle en psychologie, on attire à soi ce que l'on porte en soi : **la crainte du rejet provoque le rejet et, ce faisant, renforce l'orgueil.**

LA COLÈRE

La colère peut être le prolongement du jugement, si elle s'enracine dans un sentiment d'injustice et d'impuissance. Lorsqu'elle ne peut pas s'exprimer, soit qu'elle n'en a pas l'occasion, soit que l'on se l'interdit en raison de la violence qu'elle comprend, et lorsqu'elle ne peut pas être apaisée ni transformée, elle entraîne derrière elle la rancune et le désir de vengeance. Il est alors nécessaire de rompre le cycle de la vengeance car il est infini. La vengeance soulage à court terme, mais vous empoisonne à moyen terme par l'angoisse du retour de vengeance et par la baisse d'estime de soi qui s'instaure nécessairement lorsque l'on a nourri des émotions négatives en soi.

« Tu donneras vie pour vie, œil pour œil, dent pour dent[1] », la loi du talion infère que la vengeance comprend une forme de justice : le lien entre le crime et le châtiment devrait être un lien de stricte équivalence, et le châtiment

1. *La Bible*, Ancien Testament, Exode, chapitre XXI, verset XXIV.

devrait être le juste prix du crime. Elle comporte la croyance que seul le fait de châtier le coupable par un autre mal peut effacer et annuler le mal qu'il a commis.

Or, la maxime « on récolte ce que l'on sème » dit bien la puissance des lois de la nature : l'univers se charge d'une justice immanente dont vous n'avez pas forcément la pleine idée, en considération de la situation qui peut nourrir en vous un désir de vengeance. C'est une loi immuable de la nature : si vous dégradez une terre, elle ne produira plus les belles semences comme elle pouvait le faire auparavant. Personne n'y échappe mais nul n'en maîtrise la temporalité.

Si vous pensez détenir la justice, cela peut attiser de la violence par le désir de vengeance. Pour l'anthropologue René Girard[1], la contamination de la violence est le problème que toutes les sociétés humaines ont à résoudre, et cette violence doit se canaliser sur un support pour y mettre un terme. Lorsque la violence se donne pour légitime et est estimée « juste », il s'agit alors de « sanctifier la vengeance sous le nom de justice[2] ». Ce jugement s'enracine dans l'orgueil, d'où naît l'intolérance, cette incapacité à accepter l'opinion de chacun, même si

1. René Girard, *La Violence et le Sacré*, Paris, Fayard, 2011.

2. Friedrich Nietzsche, *La Généalogie de la morale*, dissertation II, paragraphe XI, Paris, Le Livre de Poche, 2000.

elle nous déplaît. L'autre a le droit d'exister autant que soi, même s'il défend des opinions avec lesquelles vous êtes en désaccord, qui vous choquent ou vous révoltent. Nul n'a le droit de censurer l'existence d'autrui et vous pouvez débattre d'opinions, ne pas les partager, mais ne pas les censurer ni interdire qu'elles soient prononcées parce qu'elles vous dérangent. Peut-être, dérangez-vous tout autant autrui sans le savoir. L'intolérance mal dirigée (car il est bon d'être intolérant en revanche, envers ce qui détruit le vivant), par défaut d'altérité, est la première marche vers la haine.

Travaillez donc à ôter tout jugement en vous, mais également à ne plus fréquenter ceux dont vous sentez qu'ils jugent à tort et à travers et ne peuvent s'en empêcher. Car, à chaque fois, vous devrez faire œuvre de vous départir de ce type de présence, et cela sera autant de temps perdu pour l'accès à votre dimension solaire.

L'ATARAXIE

L'ataraxie, ou à *ταραξία* en grec ancien, est un concept créé par le philosophe Démocrite, qui décrit **la tranquillité de l'âme résultant de la modération et de l'harmonie de l'existence**. Elle est source et principe du bonheur, et désigne, étymologiquement, « l'absence de trouble », signe d'une quiétude intérieure, reliée à une absence de troubles émotionnels et corporels qui confère *l'euthymie*, c'est-à-dire « la bonne humeur ».

L'ataraxie est la conséquence de l'*époché*, ou suspension du jugement. Supprimer tout jugement dogmatique, ne pas se laisser parasiter par un excès de dogmes ou de préjugés, ne pas se laisser glisser dans la critique facile, se libérer des passions destructrices qui engendrent angoisse et colère sont les efforts nécessaires d'une sagesse qui conduit au bonheur.

Sans doute, la violence subie est d'abord celle que l'on s'inflige, au travers des troubles internes que l'on ressent. **Cultiver l'apaisement, la compassion et la joie** fait tout d'abord œuvre de santé, et se manifeste par une harmonisation des humeurs, ainsi que par une cohérence entre les pensées, les émotions, les paroles et les actes. Il s'agit de se guérir en retrouvant une unité psychique, à l'inverse du pilotage automatique et de la dissociation que nous avons précédemment évoqués.

Portez donc chaque jour attention à vos humeurs, pour remettre une belle météo interne si vous sentez que votre état d'âme s'est dégradé. De plus, prenez un temps pour vérifier l'origine du trouble, et introduire des pensées, des paroles et des actes qui soient plus harmonieux avec vos humeurs. Si vous ressentez une très forte colère parce que vous vous êtes empêché d'exprimer un désaccord, il est alors peut-être important de vous autoriser à l'exprimer. C'est cela, aligner ses émotions, ses pensées, ses paroles et ses actes.

L'épreuve de la peur

APPRENEZ À NOURRIR DE BONNES PEURS

La peur est l'émotion la plus répandue. Chaque être humain sur cette terre a déjà ressenti la peur, sous diverses formes : peur de perdre, peur de manquer, peur de mourir, peur d'échouer, peur de réussir. La fonction originelle de la peur est de fonctionner comme **un signal face à un danger**. Chez beaucoup, elle est une émotion quotidienne, qui signale des pseudo-dangers, des dangers imaginaires. **Elle œuvre alors comme un poison**. La peur de vivre est sans doute l'émotion la plus partagée. Vivre suppose de prendre des risques. L'enfant ne peut apprendre à marcher s'il ne prend pas le risque de tomber. À chaque création, procréation, désir de vie, vous devez affronter le revers de la médaille : la mort. Si vous créez une entreprise, elle peut tomber en ruine. Lorsqu'une femme accouche, il y a toujours un risque de mort pour elle comme pour le bébé. Toute croissance peut être menacée de décroissance, ainsi se décline la loi de la vie. Il ne s'agit pas d'éliminer la peur et, quand bien même on le voudrait, cela se révélerait impossible. La peur doit être remise à la place juste dans laquelle elle a sa pleine fonctionnalité : signaler un danger réel. Dans les autres cas, l'émotion agit de façon inflammatoire, et crée des dangers imaginaires qui s'alimentent dans des ruminations. Tous les dangers que votre imagination crée doivent être identifiés, pour pouvoir reprendre possession de vous-même.

Les tentatives innombrables de contrôler le risque de la vie deviennent mortifères. Ce n'est pas en annulant la peur (ou en s'illusionnant sur les possibilités de l'annuler) que l'on sert le vivant. L'une des stratégies courantes consiste à éviter la peur, à faire diversion. Or, si vous n'affrontez pas cette peur, vous ne créez rien, et votre vie devient maladive, enfermée, étriquée, engoncée dans la frustration.

L'ARBRE QUI POUSSE

Développer votre être suppose aussi de contrarier autrui, **comme un arbre qui, lorsqu'il pousse sur une terre, déloge nécessairement l'ancien équilibre pour prendre la place qui est la sienne**. Lorsque vous affirmez qui vous êtes, lorsque vous créez des projets de vie, il y a des oppositions auxquelles vous devez faire face. Il y a tous ceux que votre existence dérange, et c'est ainsi. Si vous êtes porteur de vie, vous vous attirez les foudres de tous ceux qui ne le sont pas.

Est-ce votre problème ?

Non. Votre problème est de dépasser cette peur de déplaire, de contrarier, de subir l'envie et la haine, pour vous consacrer uniquement à vos projets de vie, de croissance, de construction.

L'épreuve de l'envie

Une autre épreuve, pour améliorer sa qualité de présence, est celle de l'envie, la sienne propre. Non seulement il s'agit de vous détacher de l'envie d'autrui, de ne pas vous y arrêter, pour développer votre croissance, mais il est aussi question, pour croître, de faire taire l'envie en soi, de l'arracher comme une mauvaise herbe qui, sinon, prolifère.

L'ENVIE N'EST PAS LA JALOUSIE

Dans la jalousie, vous désirez détenir ce que vous vous figurez que l'autre possède : une belle voiture, une maison, un travail que vous supposez passionnant, etc. Dans l'envie, vous souhaitez être à la place de cet autre. Du moins, une part de vous le souhaite. Vous souhaiteriez être à la place de telle star du show-biz, car l'on vous illusionne sur le fait qu'elle mène une vie idéale, telle femme stérile désirerait être à la place de son amie enceinte, tel homme au chômage voudrait être à la place de son ami qui réussit professionnellement. Ce « à la place de » cache ni plus ni moins qu'un vœu de mort à l'encontre de celui qui « fait envie ».

L'AVIDITÉ

L'envie est dévorante, en ce sens qu'elle désire intimement destituer l'autre, le tuer, pour le remplacer. Elle est souvent accompagnée de sa sœur l'avidité, qui consiste à vouloir capturer à l'autre ce qu'il possède.

Affronter l'avidité suppose donc de se confronter à la peur dans tous ses prolongements, notamment celui de la haine, qui s'enracine dans la peur de l'autre, vécu comme menaçant.

L'avidité se nourrit en revanche du ressentiment et de la frustration.

Le désir de détruire l'autre devient alors un programme de survie, avec l'illusion que tuer l'autre, même symboliquement en imaginant sa disparition, pourrait permettre de mieux vivre. Cette croyance est totalement erronée, dans la mesure où tuer l'autre revient à se transformer en assassin, et où l'on ne se vit pas mieux en étant devenu un assassin !

Ne pas s'autoriser à exister a un coût, celui du ressentiment et de la frustration. Le ressentiment est, selon le philosophe Nietzsche, l'attribut de l'homme malade, car ni son esprit ni son corps (Nietzsche fait d'ailleurs une analogie entre l'esprit et l'estomac) ne digèrent la réalité en tant qu'elle est aussi souffrance. Le ressentiment est une haine rentrée, qui prend sa source dans l'impuissance et s'exprime sous la forme de la vengeance. L'homme du ressentiment en veut à la réalité d'être telle qu'elle est et, ce faisant, s'efforce de la nier ou de la déconsidérer dans ce qu'elle a de riche et de complexe. Par impuissance devant la réalité (le corps, les affects...), il la calomnie, la déclare fautive et mauvaise, et se réfugie dans un idéal qui n'est qu'une fuite.

Le « surhumain » pour Nietzsche (terme faussement traduit par « surhomme », puis récupéré ensuite par le nazisme, mais qui englobe en réalité « le genre humain ») est celui qui aura su affronter toutes ces émotions négatives, et en particulier ce ressentiment, fruit de la « victimite aiguë » : « Je ne m'autorise pas à exister, j'en nourris frustrations et vengeances, et j'en nourris un puissant ressentiment à l'égard de mes congénères. D'ailleurs, s'il leur arrivait malheur, je serais au fond de moi bien content. » N'avez-vous jamais croisé une telle attitude ?

LE DANGER DE LA DÉMESURE

Le jugement orgueilleux et l'avidité apeurée entraînent une plainte, qui ne trouve ni répit ni réponse. Ces deux épreuves caractérisent, comme cause ou conséquence, ce que les Grecs anciens désignaient par *l'hybris*, c'est-à-dire **la démesure de l'humain qui se prend pour un dieu**. Sur le plan mythologique, Hybris est une divinité dont la mère, d'après le dramaturge grec Eschyle, serait Dyssebia, l'Impiété… Cette hybris est d'abord un état intérieur, avant de s'illustrer de façon concrète par des actes dans la matière. Il s'agit de l'orgueil humain lorsqu'il désire outrepasser la juste mesure du destin qui nous a été conféré. L'on en veut toujours plus, et l'on nourrit frustration, ressentiment et colère envers le sort qui est le sien. Cet orgueil pousse à posséder, voler, usurper et tuer, et il s'enracine dans le déni des dieux. Un tel état crée le désordre du monde (qui, rappelons-le, d'après les Grecs se dit *cosmos* et signifie « harmonie ») et il est dit qu'il sera sanctionné très sévèrement. C'est la raison pour laquelle se délivrer de ses chaînes suppose de revenir à une juste place dans l'univers, celle de la mesure. L'hybris suppose un déni des dieux, que l'on peut traduire par le déni de la part transcendante à l'humain, celle qui appelle au mystère, à l'infini et à l'éternité et qui, précisément de ce fait, *humanise*.

Cette voie du juste milieu est celle de la mesure, source de sagesse.

Le milieu juste et bon
Sagesse de Pythagore

« Veille sur ta santé : dispense avec mesure,
Au corps les aliments, à l'esprit le repos.
Trop ou trop peu de soins sont à fuir ; car l'envie,
À l'un et l'autre excès, s'attache également.
Le luxe et l'avarice ont des suites semblables.
Il faut choisir en tout, un milieu juste et bon. »

Antoine Fabre d'Olivet, *Les Vers dorés de Pythagore*, Paris, Elibron Classics, 2006, p. 180.

Ce déni des dieux, de la part spirituelle de l'humain, pour n'en faire qu'un être de chair avide de matière, se croyant omnipotent et omniscient, entraîne aussi le désespoir, terreau de l'amertume et des idées noires. Être désespéré c'est avoir perdu toute confiance dans la vie, dans le vivant, dans l'éternité du vivant. Ce sont les expériences de traumatisme ultime qui créent du désespoir, mais aussi le dogme matérialiste occidental (d'après lequel seule la matière existerait et précèderait l'esprit, ce qui est loin d'être logique… puisque, comme nous l'avons vu au sujet de l'auto-organisation, l'animation de la matière, précédemment inerte, ne peut se produire qu'avec le souffle de l'esprit) dont résulte, souvent à notre insu, une perte de foi dans la part sacrée qui réside en l'humain. Les conséquences en sont terribles, et il n'est pas innocent que notre siècle ne soit toujours pas libéré des guerres, que les individus sombrent dans des dépressions interminables, seule porte de sortie face à une ère qui considère l'humain comme un moyen de consommation, un objet manipulable, une marionnette dont les besoins seraient exclusivement matérialistes et justifieraient une destruction intentionnelle de la nature.

La violence croît à proportion de la désertion du sacré.

Faut-il le préciser ? Le sentiment du sacré et de la transcendance est l'opposé, précisément, de la destruction de la vie et du féminin créateur. Donc revendiquer de tuer au nom du sacré, c'est-à-dire « au nom du sacré je tue ce qui est sacré », quoi de plus pervers ? C'est ainsi que les guerres de religion sont d'abord des guerres menées à la religion, c'est-à-dire au principe de transcendance qui relie les humains entre eux, et au principe premier de toute religion : « Tu ne tueras point. »

LE « VAGUE À L'ÂME »

Pour les Anciens, la découverte du bonheur reposait sur l'étude de la nature, qui engendrait nécessairement la connaissance de ses lois et, ce faisant, un respect à son égard. Lorsque, de nos jours, en parfaite inconscience, nous devenons pollueurs de la terre, du ciel et des eaux, lorsque nous sommes capables de fermer les yeux sur l'empoisonnement de populations entières, pour des raisons uniquement lucratives, au travers de produits alimentaires et de médicaments toxiques, lorsque nous méprisons les saisons, lorsque notre seule présence ne vise pas à faire croître un jardin mais à le consommer, nous sommes destructeurs. Souvent à notre insu. Le bon sens ne peut qu'être effrayé de la banalisation ordinaire de la déshumanisation et de l'absence de scrupule moral. D'ailleurs, amasser toujours plus de capital, dans un désir de possession qui prend sa source dans l'envie, s'inscrit bien aux antipodes d'une logique de don/contre-don, nécessaire à la libre circulation des énergies (l'argent étant une matérialisation primaire de l'énergie qui relie les êtres) et d'une reconnaissance à l'univers. Rien d'étonnant qu'ensuite les inégalités ne cessent d'augmenter, à la lueur de ce principe de jouissance immédiate qui préside désormais dans le monde occidental. La barbarie consiste à renier tout le savoir de nos ancêtres, surtout, à oublier, au travers de cette envie qui nous pousse à toujours posséder davantage, que nous ne sommes que de passage et que la mort donne rarement un préavis pour quitter les lieux. Chacun de nous est également garant de l'état du monde tel que nous le laissons à nos enfants, et il est très questionnant que de tels principes, pourtant sains et responsables, entraînent souvent des ricanements sadiques et moqueurs qui laissent songeurs.

Apprenez donc à repérer l'envie en vous-même, à fuir ceux-là même qui, parfois de manière intentionnelle, visent à développer cette envie en vous, à vous faire toujours consommer davantage pour réduire votre essence à celle d'un acheteur et d'un prescripteur, à fuir ceux aussi qui sont en proie à l'envie et ne parviennent pas à s'en défaire. N'oublions pas que nous n'emporterons pas nos biens matériels dans la tombe, et que la source de notre bonheur ne saurait être extérieure à nous-mêmes.

Vous ne trouverez ni joie, ni sérénité, ni présence dans la matière, dont la fonction intéressante est de nous ancrer, mais aussi, souvent de nous « plomber ». **Pour cultiver une présence solaire, il est évident qu'il faut, en gardant les pieds sur terre, renouer contact avec le soleil !**

Le plus riche d'entre nous peut aussi être le plus désertique dans cet état d'âme, jusqu'à en nourrir un vagabondage de l'âme, qui n'est ni plus ni moins qu'un « vague à l'âme », comme, précisément, une âme vide (le mot « vague » ayant la même étymologie que le mot « vacuité ») de sa substance, de sa lumière.

> « Tu verras que les maux qui dévorent les hommes
> Sont le fruit de leur choix ; et que ces malheureux
> Cherchent loin d'eux les biens dont ils portent la source. »
>
> Antoine Fabre d'Olivet, *Les Vers dorés de Pythagore*, *op. cit.*, p. 183.

L'épreuve de la loyauté

La loyauté doit se comprendre comme la loi morale que l'on se donne à soi-même. Elle est reliée à des valeurs qui fondent notre intégrité. Mais il arrive que nous placions la loi morale à l'endroit où cette même loi vient enfreindre notre intégrité et là, c'est ce que nous appelons : le conflit de loyauté.

LA MORALE, C'EST MAL ?

La loi morale, ce n'est pas « mal ». Ce n'est pas « vieux jeu ». Ce n'est pas ridicule. **C'est civilisateur**. Là encore, interrogeons-nous sur ce monde qui nous incite à ne voir dans la morale que des interdits archaïques poussiéreux dont il conviendrait de se défaire. Que l'on ne s'étonne pas, dans ce cas, que le courage ait disparu massivement de nos sociétés, dans la mesure où

« vertu » signifie tout à la fois « valeur morale » et courage. Le courage s'enracine dans la loi morale…

La morale est bien précisément garante de notre intégrité. Elle est garante du cadre civilisateur, qui se fonde sur des tabous, notamment ceux de l'inceste et du meurtre. Le tabou est sacré. Il n'est pas là pour être enlevé, sauf à déstructurer complètement l'humanité et la faire sombrer dans le chaos précédent la civilisation, dans lequel *homo homini lupus*, l'homme est un loup (un prédateur donc) pour l'homme…

Lorsqu'Antigone s'oppose à Créon, il s'agit bien d'une loi morale : Créon refuse de faire enterrer le corps de Polynice, car il était un ennemi de la cité. Antigone invoque l'existence d'une loi morale supérieure, celle des dieux, qui commande d'avoir le respect sacré de la mort et de rendre les hommages funéraires à son frère dût-elle mourir pour cela.

Retrouvons donc un rapport moral au monde. Pas un rapport éthique, l'éthique étant ce terme assez édulcoré dont la visée a précisément été de contribuer à déstructurer la morale. En philosophie, il existe un enseignement de philosophie morale. Cela a du sens.

Autorisons-nous à retrouver des lois morales et à affronter ceux qui vous traiteront de ringards car, effectivement, ils ne comprennent pas le sens du terme « vertu ».

Mais nous allons réfléchir ensemble à ce qu'est un sens moral. Le conflit moral par excellence réside souvent dans le « dilemme », chéri par Corneille dans ses tragédies, entre le désir et le devoir. Ce qui nous unifierait serait que notre désir soit en accord avec notre devoir, mais, lorsqu'ils sont en désaccord, nous faisons d'abord primer notre devoir, au lieu de nous poser la question de **la nécessité de les mettre en phase**. Ces conflits de loyauté ont nourri d'immenses tragédies, *Phèdre* de Racine, *Le Cid* de Corneille, *Roméo et Juliette* de Shakespeare… Or, la morale qui tord notre désir et notre intégrité est juste une morale pervertie, donc même plus une morale, qui vise au contraire à protéger notre intégrité et celle d'autrui.

Parmi les illusions les plus affirmées et les plus handicapantes pour une réalisation spirituelle figure l'allégeance à sa famille d'origine, la famille terrestre que nombre de personnes subissent sans pouvoir s'en émanciper psychiquement. Or, reconnaître sa valeur intime suppose de se libérer des places attribuées dans le désir de la famille originelle. Le droit fondamental et civilisateur de tout humain est de s'inscrire dans un avant et un après, c'est-à-dire de connaître ses origines, sa généalogie, ses ascendants ainsi que l'histoire familiale. Mais les connaître ne signifie pas de se soumettre, une fois adulte, à la loyauté que la famille suppose.

De plus, nos ascendants ont transmis malgré eux des schémas inconscients qui se répètent de génération en génération, souvent à notre insu, et dont il appartient à l'être qui souhaite se réaliser de se désaliéner, pour se réaliser pleinement dans son individuation.

VOUS N'ÊTES PAS RESPONSABLE DE VOS ASCENDANTS

Il faut le rappeler, car c'est l'un des travers puissants de culpabilisation : vous n'êtes pas responsable de vos ascendants, ni de ce qu'ils ont fait, ni de ce qu'ils ont pu être, ni de ce qu'ils ont semé. C'est le droit de tout humain de connaître son héritage et sa lignée. Ensuite, chacun est responsable de se positionner par rapport à cet héritage et de trier le bon grain de l'ivraie, pour transmettre le meilleur à ses descendants.

Rappelez-vous bien que vous avez la puissance de maîtriser toute toxicité psychique en vous. Cela ne se fait pas en deux méditations et trois inspirations, mais l'évacuation de cette toxicité est le fruit d'un long travail nécessaire sur soi, qui se révèle au fur et à mesure, et dont les effets sont augmentés en rencontrant et sélectionnant les thérapeutes qui vous aideront à plonger dans vos profondeurs pour mieux renaître à vous-même.

Par exemple, s'il existe des dissensions dans votre fratrie, cessez d'émettre le moindre jugement. Si votre frère ou votre sœur se comporte d'une façon que vous estimez répréhensible, dites-vous bien qu'ils sont à une place différente de la vôtre, qu'ils ont un chemin de vie avec leurs propres prises de conscience, et que ce chemin ne vous regarde pas plus que le vôtre ne les concerne.

Avancez vers votre bien, cessez d'avoir des attentes, de les juger, laissez-les là où ils désirent être et apprenez à prendre de la distance. S'il existe des divisions au sein d'une fratrie, c'est qu'elles ont souvent inconsciemment été engendrées par les figures parentales, tel parent préférant par exemple tel enfant. Ne soyez ni victime ni dupe de ces divisions. Avancez sur votre chemin de conscience, libérez-vous des reproches émis à votre encontre dans votre famille, des attentes que vous avez déçues, et de vos propres attentes à l'encontre de vos proches. Acceptez-les tels qu'ils sont, et s'ils sont pour vous invivables ou trop nocifs, éloignez-vous en prenant de la distance, pour déployer votre vie.

VOUS N'ÊTES PAS RÉDUCTIBLE À LA PLACE QUE L'ON VOUS A DÉVOLUE DANS LA FAMILLE

Dans tout système familial, chacun occupe une place dévolue par l'inconscient familial dès le projet de la gestation, sinon à la naissance.

Différents rôles sont alors attribués : celui qui prendra en charge les parents, celui qui sera le préféré, celui qui sera rejeté, celui qui viendra en « pansement » de l'un des parents, celui qui servira de bouc émissaire, etc.

La plupart du temps, nous acceptons cette place à notre insu, comme étant existentielle, sans la remettre en question.

Ainsi, celui qui a le rôle de prendre en charge les parents ne s'en départira pas aisément, car il sera confronté à la culpabilité et à l'illusion que, s'il ne les prend plus en charge, les parents ne s'en sortiront pas, ou mourront. Il en est de même pour celui qui joue le rôle de pansement.

LE PILIER DE LA FAMILLE

Beaucoup de personnes souffrent d'être identifiées au « pilier » de la famille, à celui qui répare, évite les conflits, renoue le lien, permet au « clan » de se souder. L'idée même de s'abstraire de ce rôle (difficile à porter car, durant ce temps où l'on est le pilier d'autrui, l'on ne s'autorise pas à vivre pour soi-même et à déplaire) peut déclencher de grandes angoisses, car l'on se sent responsable de la viabilité entière du système familial. Pour autant, ceux qui parviennent à s'en abstraire et à traverser ces angoisses s'aperçoivent que le système familial se réajuste et fonctionne parfaitement bien… sans leur intervention !

Bien sûr, je précise, si c'était nécessaire, qu'en tant que parent, on ne peut s'abstraire de la responsabilité que l'on a envers ses propres enfants, tant qu'ils sont en croissance, c'est-à-dire des êtres vulnérables qui ont besoin de la protection, de l'encadrement et du soin des adultes.

DÉGAGEZ-VOUS DE L'ILLUSION DE L'AMOUR ET DE LA HAINE DANS LA FAMILLE

La psychogénéalogie nous l'a enseigné avec génie : les circulations d'amour et de haine dans la famille sont conditionnées par les drames et les tragédies ayant marqué les générations précédentes.

L'amour familial est rarement un amour véritable. Cette phrase, délibérément choquante, est destinée à susciter la réflexion. L'enfant est souvent aimé, non pour l'être qu'il est vraiment, mais parce qu'il est pris sous le joug des projections et des désirs parentaux. Cet amour parental est, quoi qu'il en soit, souvent très narcissique.

De même, la haine qui circule dans certaines familles, dignes des sagas romanesques, est aussi le produit d'un fonctionnement archaïque sur des générations antérieures, fonctionnement qui est reproduit à l'insu même des protagonistes, qui se croient « libres » de ressentir des émotions, alors qu'elles les aliènent, voire qu'elles ne leur appartiennent pas.

Nous reproduisons ainsi, dans l'amour comme dans la haine, des identifications familiales, et des soumissions à ces identifications. Ces identifications peuvent être projetées dans la famille, et c'est très majoritairement le cas à la suite de décès brutaux dont les membres de la famille ne parviennent pas à faire le deuil. Par exemple, l'on attribuera le prénom au nouveau-né de telle tante décédée trop tôt, ou bien des parents projetteront sur le nouveau-né l'enfant perdu par fausse couche auparavant, etc.

Et l'enfant se voit malgré lui pris dans ces identifications : il peut devenir **le pilier**, celui sur qui l'équilibre familial repose (par exemple, celui qui a vocation à guérir la dépression de sa mère) ; **le banni**, celui à qui l'on reproche d'exister à la place d'un autre (soit d'un enfant d'un autre amour de jeunesse, soit d'un enfant décédé trop tôt), etc.

De génération en génération, chacun reprend une forme de rôle prédisposé dans le scénario familial, souvent à son insu et sans s'en rendre compte. Cette prise de conscience est nécessaire à toute individuation, et les sentiments que vous éprouvez à l'encontre de la famille ou que la famille éprouve envers vous sont également conditionnés. Il est rare que l'amour et la haine s'adressent à vous en tant qu'individu : ils s'adressent au rôle que vous tenez dans la famille, et pour lequel vous avez été « sélectionné ».

Le banni

L'une des figures familiales également fréquente est celle du banni : le fils est renié par son père, le frère par ses frères, etc. Ce rejet est souvent vécu de façon extrêmement culpabilisante, et les personnes rapportent leur difficulté à sortir de cette place de « renié » par les membres de la famille. Elles s'identifient à cette place ingrate, tandis que le « préféré » de la fratrie s'identifiera à cette place privilégiée. Il s'agit donc de travailler à sortir de ces identifications primaires, pour se redonner droit à l'existence, à la vie, à la puissance. Car ce sont bien les lacunes et les faiblesses parentales qui ont conduit la fratrie à se diviser, et à prolonger ces illusions, selon des schémas que l'on retrouve de génération en génération. Se redonner une chance d'être qui l'on est, en dehors des systèmes de contraintes familiaux et sociétaux, est indispensable pour grandir, bien que peu s'en donnent le droit, par culpabilité, sentiment d'abandon, souffrances enkystées, etc. Cela suppose de traverser l'épreuve de la différence, de prendre à la fois de la hauteur et de la distance par rapport à ces systèmes d'appartenance, qui sont souvent très aliénants, tant qu'on ne les a pas choisis en conscience. C'est en cela que la souffrance peut être initiatique, car la souffrance *oblige* à modifier son positionnement, à ne plus rester à la même place, dans la mesure où cette place est devenue insupportable à tenir.

Dites-vous bien aussi que ces sentiments, souvent biaisés, concernent ceux qui les éprouvent.

Votre travail consiste à prendre de la hauteur, en vous aimant de façon inconditionnelle pour qui vous êtes vraiment, à vous abstraire de ces rôles familiaux. Cela implique à la fois de ne pas prendre au pied de la lettre les sentiments dont vous êtes l'objet (amour comme haine) et de vous élever au-dessus de vos propres sentiments pour éprouver ce que pourrait être un amour inconditionnel, où l'autre, fût-il de la famille, a le droit d'exister pour lui-même, sans que lui soit apposé le système de contraintes familial.

Sortir des chaînes familiales consiste à identifier les schémas récurrents, et à ne plus y participer, c'est-à-dire à dépasser nos besoins infantiles de reconnaissance, d'approbation, de sécurité absolue, à nous dégager des identifications familiales que l'on nous a attribuées (une telle ressemble à sa tante, un tel à son père, etc.) pour devenir l'individu unique que nous sommes en actualisant notre pleine potentialité.

HISTOIRES D'HÉRITAGE

Les histoires d'héritage, dont les notaires sont souvent les témoins intimes, reflètent à cet égard parfaitement bien la problématique d'aliénation inconsciente à la famille. Il est fort rare qu'un héritage « se passe bien », et il est plus intéressant de lire les difficultés rencontrées sous l'angle symbolique plutôt que financier. Lorsque, dans les familles, certaines fratries se déchirent pour un paquet de sucre en morceaux, cela devient évident !

L'héritage a toujours rapport aux ancêtres, car dans l'héritage se pose la question de la transmission, de ce que l'on transmet et à qui, qui est « l'élu » du système familial.

À cet égard, un héritage issu de la valeur du travail du défunt et un héritage qui est la simple transmission du patrimoine familial n'ont pas la même valeur symbolique.

Observons ce qui se passe dans un héritage. Lorsqu'une partie de la fratrie tente de spolier l'autre, par exemple, c'est aussi une partie d'elle qu'elle renie. D'ailleurs, de génération en génération, l'on peut constater que l'argent spolié profite rarement, et devient un poids pour celui qui en a été l'héritier, selon le vieil adage « bien mal acquis ne profite jamais ».

En revanche, être spolié d'un héritage peut aussi être une forme de protection face à un argent mal acquis dans les générations antérieures. Il est important de considérer tous les paramètres, et de ne pas coller à la souffrance que la famille souhaite faire éprouver à certains de ses membres, souvent sur un mode punitif ou expiatoire. Par exemple, il n'est pas rare que dans des familles qui ont « fauté » par le passé, chaque génération trouve une « victime » à sacrifier pour se libérer inconsciemment de ses péchés antérieurs. Cette victime aura souvent le rôle de « mouton noir » au sein de la cellule familiale.

De plus, la famille est comme une matrice, un ventre maternel absolument nécessaire dont il convient pourtant qu'un jour la personne se dégage pour devenir elle-même. Se dégager ne veut pas dire couper les ponts, mais se défaire de l'illusion d'être un « tout » fusionnel.

Il est donc inutile de se lamenter sur les difficultés et l'histoire familiales car, ce faisant, nous ne nous consacrons toujours pas au développement de notre être différencié. **Trouver son authenticité suppose de travailler l'histoire familiale pour s'en dégager**, ne plus faire corps avec elle, s'abstraire de la peur et d'autres formes d'illusions, pour pouvoir choisir en conscience ce qui nous structure, nous fait grandir et œuvre à augmenter notre qualité d'être. Tout le travail consiste à changer à l'intérieur, pour se libérer de toutes ces illusions, à lâcher prise de tout désir de changer autrui, pour se consacrer à soi-même.

La famille est ainsi rarement le havre de paix sur lequel nous nous illusionnons régulièrement. D'ailleurs, l'adage le dit bien : « On n'est jamais trahi que par les siens. » Il est donc nécessaire de se méfier des différentes familles, qu'elles soient biologiques, professionnelles, sociales, culturelles, que nous sommes enclins à choisir. Car tant que nous n'avons pas opéré un certain nombre de prises de conscience, nous sommes conduits à reproduire inconsciemment nos loyautés et nos allégeances à la famille originelle d'appartenance.

Pour cela, n'hésitez pas à vous mettre au travail sur vous-même, et apprenez à questionner les évidences, notamment les évidences relationnelles. Que vous apporte telle ou telle personne ? Vous sentez-vous bien en sa présence ? Le fait que tout le monde encense tel manager, est-ce bien justifié ? Observez la cohérence des attitudes et des actes, la constance des humeurs, l'empathie à votre égard.

La présence solaire sera la même, quelle que soit la situation, mais elle sera d'autant plus visible et marquée que l'environnement sera sombre. Ainsi, l'on visualisera très nettement un contraste.

Nous libérer de la famille consiste à nous défaire de tous les conditionnements préalables dans lesquels nous avons été baignés, et à voir les liens familiaux comme des liens qui ne sauraient contraindre notre développement personnel. Parfois, cela implique de se fâcher, et, dans ce cas, la rupture était effectivement nécessaire pour que l'individu puisse se réaliser pleinement dans son être et sa totalité, qui s'inscrivaient donc aux antipodes du « projet » familial à son encontre. Cette réalisation peut être professionnelle, personnelle, culturelle, etc. Si le modèle familial est fondé sur la transmission d'un patrimoine qui vous encombre plus qu'autre chose, et implique une gestion qui vous empêcherait de vous réaliser, est-il bien utile de l'accepter ? Si le mot d'ordre familial est d'être fonctionnaire de père en fils, alors que vous avez l'esprit entrepreneurial et challenger, est-il nécessaire d'obéir à ce modèle ? Si la culture familiale est celle du « poids des secrets », désirez-vous porter tous ces bagages sur vos épaules ? Et puis, parlons franchement, car il existe beaucoup de situations complexes dans les familles, dont des personnes « normales » souffrent en silence — et plus que l'on ne se l'imagine — en pensant qu'elles sont seules à devoir les souffrir : des familles où il y a des passages à l'acte, par exemple de la manipulation, de la violence conjugale, des meurtres, de la pédophilie, des incestes, etc. **Être loyal à ce type de famille est particulièrement destructeur, car c'est être loyal à des systèmes qui cautionnent des abus de pouvoir**.

Consentir à notre différence, ne nous soumettre qu'à l'autorité de notre individuation et de notre autonomisation supposent de ressentir notre puissance et de la laisser émerger, loin des traditionnelles restrictions qui sont apposées sur notre développement, à notre propre détriment. Peu d'humains croient en leur valeur, ou se sentent investis d'une mission et d'un idéal. Beaucoup subissent ainsi leur sort, sans donner la moindre chance à leur rêve ou à leur talent.

Le courage de la différenciation

Le Vilain Petit Canard est un conte écrit par Andersen en juillet 1842.

Une cane couve ses œufs, mais à l'éclosion, l'un d'eux, le vilain petit canard, ne ressemble pas à ses frères et sœurs de couvée. Rejeté de tous à cause de son physique différent, il est contraint de quitter sa famille et de partir, loin, pour ne plus subir leurs moqueries et leurs coups. Sur son chemin, ceux qu'il rencontre ne l'acceptent pas vraiment non plus. Un jour, ébloui par la beauté des cygnes, le vilain petit canard décide d'aller vers eux et réalise, en se mirant dans l'eau, qu'il est un magnifique cygne.

Ce récit est initiatique et signifie que la différence, fût-elle un supplément de talent, ne peut être reconnue par ceux qui demeurent confinés dans leurs ornières initiales. Par exemple, **vous ne serez reconnu que par ceux qui ont l'intelligence et la vertu de vous reconnaître**. Tous les autres critiqueront et mépriseront votre différence, qui ne leur apparaîtra que comme une différence dont ils ne sauront quoi faire. Comme de trop nombreux humains sont très orgueilleux à mauvais escient, ils classeront cette différence comme « un handicap ».

Le cygne n'a pas de temps à perdre à convaincre les canards qu'il n'est pas un vilain petit canard, ne perdez donc pas votre temps à convaincre des personnes qui, dès le départ, ne sont pas acquises à votre cause ! Il a en revanche à se déployer en tant que cygne, et c'est bien s'autoriser à cette puissance qui peut être difficile pour chacun, car elle est tout de suite sanctionnée par une culpabilisation issue du fond des temps : l'interdit de se différencier, sous peine de devenir un bouc émissaire.

Car il existe bel et bien une hiérarchie entre ceux qui auront fourni l'effort du travail sur eux, **le courage de la différenciation**, qui suppose d'affronter l'entourage et la solitude, la lutte contre ses propres démons, et ceux qui se seront complus dans un pseudo-confort initial. Cette hiérarchie est celle de la conscience et de l'inconscience.

SE POSER LES BONNES QUESTIONS

Dès que quelqu'un n'est pas comme vous désireriez qu'il soit, cessez de vouloir le changer et posez-vous les bonnes questions :

- Quelles souffrances et quels manques la présence de cette personne réactive-t-elle en vous ?
- Comment pourriez-vous agir par vous-même pour vous apaiser et diminuer vos attentes ?

- Pourquoi fréquentez-vous des personnes que vous désirez changer ?

Somme toute, il semblerait que le regard que nous portons sur le réel, les autres et la vie de façon plus générale soit le reflet de notre tempérament, mais davantage aussi : que ce regard conditionne notre tempérament.

Quiconque cherchera à améliorer sa qualité de présence devra se confronter aux épreuves du jugement et de l'avidité qui, si elles ne sont pas résolues, entraînent une forme de cristallisation, une rigidité dans le caractère qui entrave une évolution intérieure. Il importe de toujours revenir à soi : si je suis très ému, choqué par une situation, si je suis en colère, si j'éprouve de la haine, en vertu de quelles raisons qui m'appartiennent ? Pourquoi, à ce moment-là, ne suis-je pas relié à l'amour ? Cessez de vous autodétruire en vous entourant mieux et en comprenant les mécanismes qui sont à la source de votre tolérance, voire de votre autodestruction. Travaillez à « fluidifier » vos états d'âme.

Pour devenir un être qui fait du bien par sa seule présence, il faut accepter de changer et de renoncer à quelques certitudes qui nous rassuraient. Pour rencontrer ces personnes, il est nécessaire de commencer par changer soi. Le chemin que vous avez parcouru jusqu'à maintenant n'est pas un parcours erroné. Chaque incident, chaque épreuve, chaque événement qui vous est arrivé a permis de vous construire tel que vous êtes et a comporté l'occasion d'un enseignement, d'une initiation. Si la souffrance a un sens, ce ne peut être que celui-là. Il n'existe pas d'êtres qui aient trouvé la lumière sans rencontrer l'ombre et si certains cultivent cette illusion, ils risquent fort d'être dans une attitude d'évitement qui révélera un jour leur imposture. Souvenez-vous, en toute chose : vous récolterez ce que vous avez semé. Même des petites semences, subtiles, peuvent produire de grandes récoltes. Portez particulièrement attention à cette loi de la nature. Souvenez-vous-en chaque jour. Il ne s'agit pas ici d'une transformation radicale, mais d'une prise de conscience qui entraîne des modifications de votre comportement au quotidien. Ce sont souvent les nouvelles habitudes qui produisent de grands effets.

Cela suppose d'abord une attitude de déprise. Nous avons régulièrement pour habitude de complexifier les choses à outrance. Pour faire du bien à soi et à autrui par sa seule présence, la méthode est celle d'un dépouillement qui permet de retrouver notre essence. Engoncés dans la matière, prisonniers d'elle, nous n'avons plus de place pour nos aspirations profondes, pour laisser respirer la bienveillance présente en notre nature d'humains.

« AUSSI LONGTEMPS QUE RIEN NE TE SUFFIRA, TOI-MÊME TU NE SUFFIRAS PAS AUX AUTRES » (SÉNÈQUE)

Commençons par nous alléger de tout ce qui est superflu. Regardez un peu en arrière et réfléchissez-y. Combien de temps avez-vous parfois passé à ressasser tous vos soucis ? Ce temps était-il nécessaire ? Cette agitation l'était-elle aussi ? N'auriez-vous pas pu consacrer ce temps et cette énergie à des actions essentielles pour vous, des actions qui vous accomplissent et contribuent à réaliser la vie qui vous correspond ?

Voyager peut être une aide précieuse au dépouillement, car cela incite à voir autrement, avec l'aide de la distance, et à discerner, avec le recul nécessaire, la vie que nous menons, nos insatisfactions, nos doutes. Beaucoup sur terre possèdent, comme une évidence, l'eau courante, l'électricité, la nourriture, etc. Une fois ces besoins physiologiques fondamentaux assouvis, cela devrait être plus facile de nourrir nos autres besoins, selon la célèbre pyramide de Maslow. Or, force est de constater qu'il n'en est rien. Plus vous possédez, plus vous avez peur de perdre. Si vous n'avez plus rien, vous n'avez plus peur, vous êtes dans l'essentiel de la vie. Cela mérite réflexion. Les populations les plus pauvres de la planète sont celles où circule le plus la joie. Tout simplement parce que les autres populations sont devenus « pourries » à force d'être « trop gâtées », et il y a bien là encore une loi de la nature. Dans un documentaire intitulé « Sœur Emmanuelle. Le cœur et l'esprit » et réalisé par Elisabeth Kapnist, Sœur Emmanuelle, forte de sa longue expérience, indique : « Là où le cœur de l'homme peut le plus facilement se manifester, c'est chez les plus misérables. » **Apprenez d'abord à donner**, surtout si vous recevez, à faire circuler les bienfaits de l'univers, qu'ils soient matériels, émotionnels, intellectuels et spirituels.

« SOIS POUR TA COMMUNAUTÉ UNE RAISON DE SE RÉJOUIR » (MÈRE TERESA)

La logique de l'égocentrisme actuel est de ne pas donner sans avoir reçu. C'est une logique régressive, infantile. Si vous ne donnez pas de votre personne pour cultiver une terre, elle ne vous donnera pas les fruits que vous en escomptiez. Il faut donc d'abord donner et semer.

Donner le meilleur de soi-même dans toute relation ne signifie pas se sacrifier. Lorsque l'on se sacrifie, que l'on donne à ses propres dépens, que l'on se tord pour satisfaire l'autre à son détriment, l'on ne donne pas le meilleur de soi-même. L'offrande doit être, à cet égard, humanisante pour celui qui offre.

Donner n'est jamais un acte unilatéral : il faut accepter de recevoir pour enclencher la chaîne. Gare aux cadeaux empoisonnés ! Il convient toujours de se demander à qui l'on donne, comment l'on donne, de qui l'on reçoit et comment l'on rend. Le don, le véritable, est ce qui fait cesser la guerre de tous contre tous et œuvre pour la paix. Souvenez-vous en revanche que le cheval de Troie était une ruse donnée en offrande… pour conduire à la perte des Troyens.

Nos besoins matériels croissent à proportion de notre misère spirituelle. Cela fait plusieurs siècles que l'Occident souffre de son appauvrissement spirituel. Depuis quelques années seulement surgit une prise de conscience. La spiritualité n'est pas prétentieuse, elle ne prétend pas s'élever au-delà, mais s'inscrit dans l'humilité, tout près du sol, là où l'être humain rend hommage au ciel. Le terme « spirituel » est en lui-même un grand mot. Pourtant, il n'y a rien de plus simple, cela désigne l'esprit en l'humain, cet esprit qui vient animer la matière qu'est le corps, et c'est cette simplicité-là qui est devenue si difficile à appréhender pour nos esprits malades. L'être humain est pris dans des dépendances et des formes de déterminisme depuis sa naissance. Mais il dispose d'une conscience qui lui permet de mettre en lumière ces différents facteurs, ainsi que d'un libre arbitre qui est l'occasion du choix. Par exemple, un être qui aura subi de la violence durant son enfance est confronté à un choix psychologique : soit poursuivre le cycle de la violence (en bourreau ou en victime), soit travailler sur lui-même pour s'en extraire et développer une façon pacifiée d'être au monde. Ce second chemin est ardu, bien sûr, c'est d'ailleurs ce qui en fait sa valeur, et il résulte d'un choix existentiel qui peut se résumer ainsi : choisir de se mettre au service soit de l'ombre soit de la lumière.

La solitude initiatique

La solitude initiatique consiste à se défaire de l'illusion des appartenances institutionnelles, car toute institution vise à vous contraindre dans ses principes, ses valeurs et ses allégeances. La première institution que connaît l'être sur terre est bien sûr sa famille, qui exige une loyauté de lui, mais il en rencontrera d'autres. Créer ses identifications psychiques initiales à une institution, notamment la famille, est absolument nécessaire pour se structurer et être ensuite en capacité de décision de ce que l'on retient ou non de ses identifications pour son identité propre à l'âge adulte. Les régimes ayant nié ces identifications premières structurantes pour le psychisme sont toujours les régimes totalitaires.

Rappelons une évidence. Si vous ne vous occupez pas **vous seul** de votre désir, personne ne le fera. En revanche, tout le monde vous ramènera à votre sempiternel devoir, c'est-à-dire à ce qui vous oblige envers autrui.

En ce sens, vous n'êtes pas obligé de vous soumettre à un devoir avec lequel votre désir n'est pas en accord, hormis bien sûr dans des responsabilités que vous vous êtes choisies, envers des êtres plus vulnérables que vous, telles que la parentalité.

ÉCOUTEZ VOTRE DÉSIR, ET NON LEURS ANGOISSES

Le philosophe Hegel disait que « rien de grand dans le monde ne s'est fait sans passion ». En clair, c'est votre « coup de folie » qui donnera des fruits dont vous serez fiers, car vous aurez écouté la part infantile de vous-même, celle qui n'a renoncé ni à ses rêves ni à ses ambitions. Tandis qu'il est clair qu'à écouter systématiquement autrui, vous ne deviendrez qu'un être hyper-normé, ultra obéissant aux désirs… des autres, et non au vôtre qui, précisément parce qu'il est le vôtre, en dérangera plus d'un.

Prenons un exemple personnel. Je suis arrivée à Marseille en 2004, sans connaître ni la ville ni personne d'ailleurs dans la ville. Bien évidemment, les Parisiens m'avaient mis en garde contre une ville « dangereuse », pleine d'insécurité, sale, etc. Si j'avais écouté leurs propres projections d'angoisse, je serais restée à Paris, où personnellement je dépérissais, étant très sensible au soleil et au stress du rythme parisien. Grand bien m'en a pris car je n'aurais certainement pas eu toute cette créativité en demeurant à Paris. Ensuite, j'ai voulu créer ma société de conseil. Là encore, j'ai reçu beaucoup d'angoisse de ceux qui ne parviennent pas à s'autoriser à exister, et notamment l'on a pu me dire que je ne réussirai jamais car la société était basée dans le Sud, et que, dans le Sud, il ne se passe rien en termes de travail. Heureusement, j'ai écouté mon désir, et non leurs angoisses.

Plus votre projet est grand, hors norme, atypique, plus il se heurtera à des résistances, et cela testera votre détermination. Vous devez le savoir.

N'attendez jamais qu'autrui vous autorise ce à quoi il ne s'autorise pas lui-même !

Aimez votre propre folie, écoutez votre désir, et ainsi vous aurez peut-être des chances de vous réaliser.

Pour cela, la solitude est essentielle, car il faut pouvoir entendre, dans le brouhaha général des conseils et des projections d'autrui, votre propre voix intérieure, celle de votre passion, celle de votre désir. Parfois, cette voix est tellement étouffée que vous croyez qu'elle n'existe pas. C'est faux, et lors des suivis thérapeutiques que je mène avec mes patients, nous travaillons toujours à la faire émerger, mais il est vrai que, parfois, cette petite voix intérieure criait dans le désert sans que personne ne l'entende, et il faut du temps pour s'autoriser à l'entendre.

L'ÊTRE HUMAIN SOUFFRE, NON PAS TANT DE SA SOLITUDE EXISTENTIELLE QUE DU FAIT DE L'ÉVITER

S'y confronter nécessite un acte de courage qui est seul susceptible d'engendrer l'émancipation de sa condition de mortel et l'enseignement de sagesse que cela comporte.

La célèbre phrase de Montaigne, au chapitre XIX du Livre I des *Essais*, « Que philosopher, c'est apprendre à mourir », provient d'une réflexion plus ancienne de Cicéron, dans la première des *Tusculanes*. Cicéron, s'adressant à Brutus, s'appuie sur les écrits platoniciens, lorsque Socrate insiste sur l'importance pour l'âme d'apprendre à se dissocier de son corps, pour retrouver un autre parcours initiatique *post mortem*.

Séparer l'âme du corps implique d'apprendre à renoncer aux plaisirs charnels, à l'importance de la matière consacrée dans les affaires publiques et privées, à considérer notre séjour actuel sur terre comme provisoire, sinon illusoire.

La mort n'est pas simplement la mort du corps, mais aussi l'ensemble des pertes auxquelles nous pouvons être confrontés dans une vie terrestre. Si nous considérons que ces pertes ont des vertus initiatiques et nous permettent

Le Bouddha

Le Bouddha fut d'abord, d'après la légende, un prince qui partit à la recherche de la vérité.
Ce prince passait la majeure partie de son temps confiné au palais, protégé par son père, afin qu'il ne puisse ni voir ni connaître les disgrâces de la vie.
Mais il franchit les murs, en quatre occasions, en compagnie de son cocher.
La première fois, il rencontra un vieillard.
La deuxième fois, il rencontra un infirme.
La troisième fois, il rencontra un cadavre.
La quatrième fois, il rencontra un homme au crâne rasé et aux yeux sereins, un pénitent dévoué à la vie religieuse.
Le prince décida alors d'abandonner son foyer et d'emprunter la même existence que cet homme avec l'intention de chercher la cause de toute souffrance, comme la maladie, la vieillesse et la mort.
Il entreprit donc de rechercher l'illumination qui libérerait l'humanité des souffrances à l'origine du cycle des naissances et des morts.
À la tombée de la nuit, après avoir passé par les quatre états de dhyana ou d'intense méditation, il atteignit le premier degré, l'indifférence des sentiments, puis le deuxième degré, qui se distingue par une complète concentration du mental et une sensation de joie, ensuite le troisième degré, celui de la paix et de la sérénité sans limites. Au quatrième degré, il vécut un état de

suprême pureté, au-delà de toute souffrance et de tout plaisir, de toute peine ou de joie. Après avoir réussi une complète domination des quatre degrés de dhyana, il alla à la découverte de l'origine de toute souffrance. Et on dit qu'en cette nuit-là, il se souvint de sa première, deuxième et troisième vies et ainsi il se souvint des milliers d'existences, et il sut quel genre de morts il avait eu dans une vie et dans une autre, et quel genre de vies, qu'elles soient joyeuses ou malheureuses.

d'apprendre à lever le voile de l'illusion, en nous rapprochant davantage de notre nature spirituelle, alors nous ne souffrons plus de ces pertes, en tout cas, nous apprenons à les envisager sous un autre angle.

C'est précisément à cet endroit que la solitude est une épreuve initiatique incontournable pour se confronter à soi-même, à qui l'on est vraiment.

En Occident, de nos jours, nous pouvons considérer la dépression comme un chemin initiatique, et nous, les psychologues, le constatons souvent dans nos consultations : la dépression, en exigeant le silence et la solitude, rappelle à l'être qu'il se dimensionne bien au-delà de la place que lui a attribuée sa famille, puis la société, et dans laquelle il se sent contraint, au point de considérer sa vie matérielle dans toute l'absurdité et le non-sens qui la caractérisent. Il est d'ailleurs fort regrettable que nombre de ces souffrances d'âme ne rencontrent comme « traitement » qu'une « mise sous couvercle » du questionnement existentiel au travers d'une chimie médicamenteuse aux résultats hasardeux, sinon parfaitement inopérants si la personne n'a pu procéder à cette plongée dans ses propres profondeurs pour en extraire le désir d'une vie plus authentique et conforme à ses besoins.

« ON NE SOUFFRE JAMAIS
QUE PAR SA PROPRE FOLIE
OU PAR SA MÉCHANCETÉ » (SÉNÈQUE)

Si vous ne pouvez pas vous défaire de certaines situations, en revanche vous pouvez modifier la façon de les vivre et de les penser. Lorsque vous songez à des émotions ou à des présences qui vous sont désagréables et suscitent des émotions négatives, ne les chassez pas. Ne consacrez aucune énergie à lutter *contre*, mais tentez plutôt d'imaginer, pour vous-même, une autre présence qui vous fait du bien, que vous la connaissiez déjà ou que vous vous l'imaginiez. Prenez bien soin de nourrir votre imaginaire de représentations qui suscitent de belles émotions.

Cultivez, à tout moment, l'humeur de la vibration joyeuse et la paix.

Pour développer cette culture, il faut croire en la joie et croire en la paix. Changer son regard revient à faire le pari que ces deux dimensions existent et que, si l'humain peut être foncièrement mauvais – ce qu'il n'a cessé de nous démontrer au travers des siècles –, il peut également être foncièrement bon, pourvu qu'il cultive cette dimension. Changer suppose d'accepter que notre façon d'analyser notre monde ainsi que les événements qui nous arrivent est limitée par nos propres croyances, limites, certitudes, angoisses et préjugés. Si nous admettons l'idée que nous disposons d'un paradigme, d'une sorte de grille de lecture du réel qui influe elle-même sur ce qui nous arrive, alors nous sommes prêts à changer. Changer implique de perdre son ancien fonctionnement, ses anciennes habitudes, son ancienne « peau ». Cela suppose de passer par une crise intérieure.

Osez « criser » !

La crise n'est qu'un moment négatif nécessaire dans la dialectique de la transformation. S'il n'y avait pas eu crise, il n'y aurait pas eu transformation. Accueillez les épreuves comme des chances qui vous sont données de devenir plus fort, de remettre en question ce qui ne vous convenait plus dans l'existence, de trouver des stratégies de renouveau. Ne vous laissez pas polluer par une vision partielle de l'épreuve, de la crise, du négatif. Le négatif est toujours inclus dans une dialectique de transformation, dans un mouvement de balancier positif-négatif dont naîtra une forme nouvelle, nécessaire, souvent plus belle qu'auparavant, quand bien même vous auriez tout perdu de vos biens matériels. C'est une question de regard.

L'ombre n'est pas un obstacle, et sa rencontre est l'endroit où déployer une force qui consolide. Tant que nous ne sommes pas suffisamment solides, et que perdurent en nous des doutes et des ombres, nous aimanterons d'autres zones d'ombre et d'autres formes de doutes. C'est en cela que les obstacles peuvent aussi être envisagés comme des épreuves initiatiques qui nous permettent de raffermir notre chemin. Car ils ne font qu'éclairer nos propres zones d'ombre, celles sur lesquelles nous avons à travailler, pour cesser de nous dissocier et retrouver le sentiment de notre propre unité, de notre propre part divine. Je rappelle ici que la « part divine » est la part unifiée en nous, celle qui nous met en cohérence mentale, émotionnelle, physique et spirituelle.

Pratiquez l'art de l'introspection et aimez votre angoisse, qui est source de crise, donc de changement. Chaque jour, posez-vous en vous-même pour entendre votre son et votre clameur internes. Laissez votre angoisse remonter depuis les bas-fonds jusqu'à la surface, pour travailler ensuite à la transformer, et ne tentez surtout pas de la contenir, comme cela vous est conseillé

Le Phoenix

Le Phoenix est un oiseau légendaire de la mythologie égyptienne et grecque, caractérisé par son pouvoir de renaître après s'être consumé sous l'effet de sa propre chaleur. Il symbolise les cycles de mort et de résurrection. Oiseau fabuleux, il est rattaché au culte du soleil dans l'ancienne Égypte et dans l'Antiquité classique.

D'une taille considérable, il ressemble à un aigle au plumage rouge, bleu et or éclatant.

D'après la légende, lorsque le Phoenix sentait sa fin imminente, il construisait un nid de branches aromatiques et d'encens, et y mettait le feu avant de se consumer dans les flammes. Des cendres de ce bûcher surgissait alors un nouveau Phoenix, qui contrôlait le feu de mieux en mieux à chaque résurrection : c'est aussi la raison pour laquelle on le nomme « oiseau de feu » (ses ailes se teintaient d'une couleur rouge flamme et se réchauffaient jusqu'à ce qu'un feu ardent en sorte, tandis que son bec pouvait, s'il le voulait, embraser une forêt avec un feu presque aussi puissant que les flammes du soleil). Il symbolise la capacité à renaître de ses cendres.

la plupart du temps, et comme vous seriez tenté de le faire, car il faut bien reconnaître que cette angoisse, elle est bien angoissante !

Alors, si vous vivez des épisodes dépressifs, par exemple, plongez au cœur de votre psychisme, observez-les, écoutez-les, écrivez-les, dessinez leurs contours, tentez d'appréhender ce qu'ils vous disent… Plutôt que de les étouffer, donnez-leur une forme, transformez-les, laissez-les s'exprimer. Car, dans la nature, tout ce que l'on cherche à bâillonner resurgira d'une façon ou d'une autre, et fera payer le tribut de ce bâillon. Notre civilisation me paraît ainsi parfaitement inconsciente à vouloir faire de nous des êtres éminemment heureux, alors que la dépression est précisément une source de transformation, un passage parfois obligé pour mieux renaître ensuite. Dès lors, les gens sont terrifiés d'entrer en dépression, alors que c'est une épreuve souvent incontournable, qui est loin d'être négative et qui, si elle était reconnue comme telle, serait moins source d'angoisse.

LA DESCENTE AUX ENFERS

Accueillez cette dépression : que vient-elle vous dire de vous ?

À quel endroit n'êtes-vous pas juste envers vous-même ?

Plongez au cœur de votre dépression au lieu de la fuir !

De toute façon, Madame Dépression est là. Mettre le couvercle dessus, la minimiser, ne pas vouloir la voir n'empêche pas le fait

Orphée

La catabase la plus célèbre est celle du poète Orphée. L'histoire est la suivante.
Éros offre l'empire du monde à Zagreus, première incarnation de Dionysos, l'un des enfants de Zeus.
Les Titans, fils d'Ouranos et de Gaïa, divinités primordiales géantes qui précédèrent les dieux de l'Olympe, nourrissent alors jalousie et révolte à l'encontre de Zagreus, s'emparent de lui, le démembrent et le fond bouillir. Zeus, horrifié, foudroie les Titans, et de leurs cendres naissent les humains, qui se divisent en deux parties : une partie se caractérise par une propension à faire le mal, et l'autre partie reflète l'énergie divine de Dionysos, étincelle d'amour du bien. C'est alors que la mère de Zagreus, Perséphone, interdit que l'humain gagne le monde divin, et le condamne à errer de vie charnelle en vie charnelle, par le biais de l'oubli de son origine divine.
Orphée est fils d'Œagre et de Calliope, la plus haute en dignité des neuf Muses. D'origine thrace, il est voisin de l'Olympe, chanteur, musicien et poète, joueur de lyre et de cithare. Les bêtes fauves le suivent lorsqu'il chante. Il incline vers lui les arbres, les plantes et adoucit le cœur des hommes les plus farouches.
Orphée aime sa femme, la nymphe Eurydice.
Un jour qu'elle se promène le long d'une rivière de Thrace, elle est poursuivie par Aristée, qui voulait

lui faire violence. Dans l'herbe, elle marche sur un serpent, qui la pique ; elle meurt sur le champ. Orphée, inconsolable, descend alors aux Enfers pour chercher sa femme, et entreprend de charmer les monstres et les dieux infernaux par sa lyre.

Hadès et Perséphone consentent à rendre Eurydice à un mari qui donne une telle preuve d'amour, mais à une seule condition : qu'Orphée remonte au jour, suivi de sa femme, sans se retourner pour la voir avant d'avoir quitté leur royaume.

Mais un doute terrible envahit Orphée sur le chemin du retour :

Perséphone s'est-elle jouée de lui ?

Eurydice est-elle réellement derrière lui ?

Il se retourne.

Eurydice s'évanouit et meurt une seconde fois. Orphée revient la chercher mais Charon est inflexible et l'accès au monde infernal lui est refusé. Il doit revenir seul parmi les humains.

Orphée meurt ultérieurement, tué par la vengeance des femmes thraces. Inconsolable d'Eurydice, il ne veut plus aucun commerce avec les femmes, qui l'insultent en retour, mettent son cadavre en pièces, jettent les morceaux dans le fleuve qui les emporte jusqu'à la mer. La tête et la lyre du poète parviennent jusqu'à Lesbos, où il reçoit les honneurs funèbres et un tombeau. La légende raconteque, depuis la tombe, sort parfois le son d'une lyre. Lesbos devint ensuite sens et la profondeur seront nécessairement dépouillés.

Ainsi en va-t-il de la « loi de l'attraction », ou « synchronicité », dont nous devons la profondeur de la thèse à Carl Gustav Jung, et qui en est réduite au précepte simpliste suivant : s'il vous arrive quelque chose, c'est que vous l'avez provoqué, donc nourrissez des pensées uniquement positives, et il ne vous arrivera que des événements positifs ! Il est absolument nécessaire de se rappeler cela, à l'heure où certains se sentent « investis » d'une mission spirituelle, qui n'a pour vertu que de combler leurs failles narcissiques en pratiquant « le bien » sans conscience, avec des effets extrêmement pervers issus de cet angélisme crétin.

Il faut rencontrer son ombre.

Car que vaut une initiation fondée sur l'inconscience ?

Que vaut un pseudo-bonheur fondé sur l'inconscience des malheurs du monde, à commencer par le déni de ses propres souffrances et difficultés ?

Il ne s'agit pas de s'affliger en vain sur la misère du monde, mais de se demander si le bonheur qui n'a jamais rencontré son ombre a une densité, une valeur, une consistance.

Rencontrer et travailler à s'élever au-delà de notre ombre ne signifie en aucun cas y demeurer. Toute la pseudo-spiritualité actuelle évacue ce questionnement et, en cela, me paraît

La synchronicité

« Cette affirmation présuppose un certain principe curieux que j'ai nommé synchronicité, concept qui formule un point de vue diamétralement opposé au point de vue causal. Puisque ce dernier est une vérité purement statistique et non absolue, c'est une sorte d'hypothèse de travail concernant la manière dont les événements sortent les uns des autres, tandis que la synchronicité prend la coïncidence des événements dans l'espace et le temps comme signifiant plus qu'un pur hasard, à savoir une interdépendance particulière d'événements objectifs entre eux aussi bien qu'avec les états subjectifs (psychiques) de l'observateur ou des observateurs. L'ancien esprit chinois contemple le cosmos d'une manière comparable à celle du physicien moderne, qui ne peut pas nier que son modèle du monde soit une structure nettement psychophysique.

L'événement microphysique inclut l'observateur tout comme la réalité sous-jacente au Yi King comprend des conditions subjectives, c'est-à-dire psychiques, dans la totalité de la situation du moment. Tout comme la causalité décrit la suite d'événements, ainsi, pour l'esprit chinois, la synchronicité traite de la coïncidence des événements. Le point de vue causal nous raconte une histoire dramatique sur la manière dont D est venu à l'existence. Il a tiré son origine de C, qui existait avant D, et C à son tour avait un père, B, etc. De son côté, la vision synchronistique s'efforce de produire un tableau de coïncidence aussi rempli de signification. Comment se fait-il que A', B', C', D', etc. apparaissent tous au même moment et au même endroit ?

Cela se produit tout d'abord parce que les événements physiques A' et B' sont de même qualité que les événements psychiques C' et D', et ensuite parce que tous sont les exposants d'une seule et même situation momentanée. Cette situation est considérée comme représentant un tableau lisible et compréhensible. Les soixante-quatre hexagrammes du Yi King sont les instruments à l'aide desquels peut être déterminée la signification de soixante-quatre situations différentes mais typiques. »

Carl Gustav Jung, *Synchronicité et Paracelsica*, Paris, Albin Michel, 1988.

singulièrement dangereuse, à l'instar d'une « poudre aux yeux », d'une « illusion » de bonheur qui empêcherait l'humain de se confronter aux questions métaphysiques qui le caractérisent en propre.

À QUELS INDICES POUVEZ-VOUS RECONNAÎTRE VOTRE PART D'OMBRE ?

La part d'ombre singulière se reconnaît essentiellement à trois grands indices.

Premier indice : la projection sur autrui de ses propres défauts

Dès que vous accusez ou jugez autrui, demandez-vous quelle part de lui vous insupporte en vous-même. Plus vous vous escrimez à dénoncer la part d'ombre des autres, plus cela en dit long sur votre propre part d'ombre.

Par exemple, vous reprochez à votre sœur de ne pas se prendre en charge, mais en réalité c'est vous qui avez un besoin irrépressible de tout prendre en charge… Ou encore, vous dites ne pas supporter l'hypocrisie, alors que c'est un art dont vous êtes féru… Ou enfin, vous reprochez à votre mère d'être restée avec un mari violent, mais vous-même êtes violent dans votre propre couple…

Regardez de très près ce qui vous insupporte, et vous aurez déjà beaucoup de réponses sur vos propres failles.

Ce mécanisme psychique, bien connu sous le nom de « projection », consiste à attribuer à autrui ses propres défauts. Attention également aux grands principes que vous énoncez : il se pourrait qu'ils agissent de façon litanique pour masquer vos propres failles et blessures… Ainsi, par exemple, en va-t-il de celui qui parlera de « respect » tous les quatre matins, mais ne se gênera pas pour faire des crises tyranniques où il infligera ses colères à tout un chacun.

Deuxième indice : les répétitions d'événements à l'extérieur de soi

Lorsque vous prenez conscience du fait que vous vivez des situations à répétition, cessez d'en attribuer le poids à la destinée, « à la poisse », « au karma ». La question de votre participation inconsciente à l'émergence de ces situations sera bien plus constructive, et vous sortirez de la passivité, en apprenant à identifier votre part d'ombre, celle qui se projette dans le réel, à l'extérieur de vous. Il ne s'agit pas de se rendre coupable de ce que l'on vit, mais de s'interroger sur ce qui, en soi, peut encourager ou provoquer l'émergence d'une situation. Souvent, les situations que l'on craint le plus tendent à se (re)produire !

Une solution : travailler à apaiser ses craintes pourrait précisément faire cesser la réactivation.

Par exemple, si vous ne comprenez pas pourquoi vous vous retrouvez systématiquement harcelé, dans votre vie de couple, puis au travail et de façon récurrente, il faut bien songer que le dénominateur commun : c'est vous. Il y a donc un travail sur vous-même à faire pour comprendre les raisons pour lesquelles vous vous retrouvez systématiquement dans les mêmes situations. Cela peut être une zone aveugle pour vous, c'est-à-dire qu'autrui verrait clairement que l'environnement n'est pas sain pour vous, mais vous, vous ne le voyez pas, et foncez dedans à pieds joints. Et il faut en comprendre les rouages inconscients, sinon vous êtes condamné à la répétition. N'oubliez pas que c'est ce qui nous colle le plus à la figure que nous ne voyons pas ! Ainsi, l'on peut être certain de ne pas reproduire une situation, alors que c'est bel et bien ce que l'on est en train de faire… à notre insu.

Troisième indice : les cauchemars et les « invasions » psychiques

Cessez d'éviter ce qui vous déplaît dans votre vie psychique et acceptez de lui donner toute sa dimension.

- Avez-vous des angoisses ? Ayez la curiosité de les explorer. Ces angoisses ne vous tueront pas ! Ce qui pourrait bien vous empoisonner, au contraire, est de les faire taire…
- Vous sentez-vous triste, en dépression ? Laissez émerger tous ces sentiments, prenez un temps pour écrire, pour vous les approprier, les décrire, leur donner toute leur dimension.
- Faites-vous des cauchemars ? Notez-les, explorez-les…
- Avez-vous des fantasmes qui vous effraient ? Laissez-les émerger sans jugement.

Et ainsi, vous apprivoiserez votre part d'ombre, ce qui vous évitera d'être submergé par elle.

L'écriture est un excellent outil de symbolisation, donc de mise à distance. Je recommande fréquemment à mes patients d'écrire entre les séances, surtout pour être au plus près de leur vie psychique, en notant leurs pensées, leurs rêves, leurs idées saugrenues, les émotions qui se présentent à eux, si possible au moment même où cela se produit.

L'EXPÉRIENCE DE LA DÉPOSSESSION

L'une des épreuves initiatiques importantes pour rencontrer sa part d'ombre est celle du dépouillement, dont j'ai déjà un peu parlé. Ce dépouillement peut se faire sur le plan de la matière comme sur le plan spirituel. Sœur Emmanuelle prit le chemin de se dépouiller de son confort bourgeois pour expérimenter ce qu'était la vie des pauvres.

L'expérimentation de la dépossession renvoie l'être à sa propre nudité et l'oblige à l'authenticité. Il en est de même de l'épreuve des méditations silencieuses (où il s'agit de rester seul face à soi-même, sans communication avec autrui, durant plusieurs jours voire semaines) et, de manière plus générale, du silence et de la solitude. Ce n'est qu'en améliorant le rapport intime à soi-même que l'on améliorera ses relations interpersonnelles.

CRÉER OU DÉTRUIRE ?

Toute vie sur terre doit faire face à la dialectique mythique d'Éros et de Thanatos. *L'Éros* désigne, en grec ancien, l'amour érotisé, l'amour qui s'inscrit dans une incarnation, dans une chair. Cet amour est à la source de toute création, qu'elle soit matérielle, symbolique ou spirituelle. Il unit les êtres là où *Thanatos*, qui signifie « mort », représente le principe de destruction, d'agression, de désintégration. L'être vivant se retrouve aux prises avec ces deux principes, qui œuvrent de façon dialectique. Le mort tue le vivant, mais le vivant peut renaître du mort, et l'être humain détient ce choix civilisateur qui consiste à renoncer à ses pulsions de destruction ou plutôt à les transformer, à les sublimer en créations.

La pulsion de haine a son antidote : « tu aimeras ton prochain comme toi-même », célèbre maxime à laquelle il est si difficile de faire allégeance en pratique.

Comme je l'ai déjà un peu mentionné *supra*, les deux principes se déclinent en lumière-ombre, ciel-enfer, dieu-diable. Le diable, je le rappelle, est à entendre comme ce qui divise en soi, à savoir la haine, la terreur, la dissociation, à l'inverse de l'empathie, de la bienveillance, de l'amour, du divin qui unifie et harmonise.

Bien sûr, il ne s'agit pas, comme je l'ai déjà dit, d'étouffer ses émotions négatives. Elles existent, et l'on doit au contraire les faire émerger, leur donner la latitude de s'exprimer en nous, pour ensuite faire le travail de les évacuer et de les transformer. Passer par l'écriture, un travail artistique, parfois même pratiquer un sport dit violent (art martial etc.) pour canaliser l'agressivité notamment, sont des pistes très intéressantes à ne pas négliger. Le tout est de faire ce travail de transformation en le doublant d'une prise de conscience.

Chaque vie humaine est confrontée à son lot d'épreuves. Nous pourrions même définir une vie par un cumul d'épreuves auquel l'humain doit faire face. Une vie qui ne rencontrerait aucune épreuve serait étrange. Vivre consiste à prendre des risques, à se confronter aux épreuves. Regardez l'enfant qui apprend à marcher : peut-il apprendre à marcher sans apprendre à tomber ? Tomber permet de découvrir ce qu'est se relever… Une vie d'être humain est nécessairement bâtie d'épreuves, plus ou moins intenses, plus ou moins durables, mais, face à l'épreuve, il existe au moins deux façons de se positionner. Soit vous considérez que l'épreuve vous accable, que vous ne saurez pas vous en sortir, et vous nourrissez des pensées mortifères (autodestruction, idées suicidaires, etc.), soit vous tentez d'élargir votre représentation et de considérer que cette épreuve, dans toute la tragédie qu'elle comporte, est initiatique.

Rencontrer la lumière pour devenir solaire

L'être humain est ensuite devant un libre choix, celui de servir la lumière (et ce qui la symbolise) ou l'ombre. Ce que l'on appelle « la magie » est tout sauf irrationnel. La magie propose de condenser des pensées lors de rituels qui facilitent ce processus. Beaucoup ont déjà fait l'expérience des « ruminations », ces pensées obsessionnelles qui vous envahissent l'esprit, vous empêchent de dormir, etc. Ces pensées sont suffisamment condensées pour vous perturber le sommeil et vous « polluer » l'esprit. Et lorsque vous ruminez ainsi, généralement, il vous arrive des bricoles ! Car, bien sûr, vous attirez à l'extérieur et autour de vous ce qui ressemble à ce que vous avez à l'intérieur de vous. À force de ruminer, vous pratiquez presque des formes d'incantations, à votre insu, pour que « le mal » arrive et que le ciel vous tombe sur la tête !

Dans la magie, il s'agit exactement du même processus, d'où les incantations, c'est-à-dire ces formules chargées de l'énergie présente dans une pensée. La « magie noire » choisit de servir l'ombre, les œuvres de destruction, tandis que la « magie blanche » choisit de servir une autre cause, en défaisant les rituels de magie noire, en refaisant circuler les énergies. Dans tous les cas, ces pratiques sont dangereuses car elles manipulent intentionnellement des énergies qui doivent librement circuler dans l'univers. Ainsi, vous devez plutôt travailler à fluidifier vos pensées, vos émotions, à augmenter le sentiment d'amour là où vous éprouvez de la haine. Cela suppose de passer par un travail de questionnement et de compréhension profonde à l'encontre d'autrui. Pourquoi a-t-il agi comme cela envers vous par exemple ? Vous réduisez-vous à ce qu'il a voulu faire de vous ? N'êtes-vous pas bien autre chose que ce que l'on a décidé pour vous ?

Par exemple, la question du pardon intervient souvent lors des thérapies. La personne se demande si elle doit ou non pardonner, comme si cela se décidait comme l'on décide de s'engager dans telle ou telle voie. Le pardon vient « de surcroît », lorsque la personne a évalué tous les enjeux d'une situation et s'en est parfaitement détachée. Tant que vous vous posez la question de savoir si vous devez pardonner ou non, c'est bien que vous n'êtes pas passé à autre chose, et donc que le processus qui vous a blessé est encore actif…

Une épreuve est une façon d'avancer sur soi-même, de puiser des ressources internes dont on ignorait l'existence, de travailler au renouveau. Les erreurs sont autant de leçons qui se répètent à mesure de leur apprentissage. Dans toute épreuve de vie, il y a des raisons de se réjouir, ne serait-ce celle d'admirer la résistance du vivant, la capacité de se maintenir en vie malgré l'épreuve.

L'humain possède la capacité de transformer sa nature primaire, instinctive et impulsive en nature secondarisée, cultivée, divine. C'est un effort de tous les instants, et non un idéal inatteignable qui entraînerait, comme cela se manifeste chez certains, une procrastination, une façon de remettre systématiquement au lendemain le travail intérieur sur cette mutation.

LA BEAUTÉ EST UNE AIDE CERTAINE AU DÉVELOPPEMENT INTÉRIEUR

La beauté, qu'il s'agisse d'art ou de nature, est une aide certaine au développement intérieur. **La contemplation de la beauté développe l'harmonie à l'intérieur de soi**. La beauté peut se trouver dans la nature et dans l'art. L'essentiel est de rechercher la beauté dans votre quotidien. Chaque jour, vous devez être attentif à contempler la beauté, à organiser la célébration de la beauté, fût-elle infime, subtile, éphémère. Car la beauté est source d'émotions humanisantes. En cela, la beauté n'est pas compatible avec la société du « tout jetable », du simple « agréable », de la « déconstruction » artistique (le XXe siècle aura été celui où l'on aura cherché à déconstruire les lois de l'harmonie dans la musique, dans la littérature, etc., lois acquises de haute lutte. C'est tout de même étrange, non ?). L'agréable et le beau sont en effet distincts. Comme le disait le philosophe Kant, le vin des Canaries peut vous plaire, vous être agréable, et ne pas plaire à votre voisin de table. De même, certains aiment le violet, là où d'autres aiment le jaune. L'agréable est relatif, là où le beau est universel. Il n'y a pas « des beautés », il y a « la beauté ». Elle est, c'est tout, et elle est la même pour tous. Sinon, il s'agit juste de quelque chose qui m'est agréable. Tout le monde peut donc s'initier à la beauté, en raison de son universalité. Dans le mythe grec, le dieu Apollon, qui représente la beauté et l'harmonie de l'âme, au travers de la santé psychique, parvient à initier Chiron à l'art de la guérison. Or, Chiron est un centaure dont la stature, ramenée à l'horizontale, représente l'homme médiocre incapable de se tenir debout. Même cet homme-là peut s'élever aux lois de l'harmonie, s'il accepte de reconnaître les besoins de l'âme. Et si l'âme est nourrie par la beauté, alors elle est source de guérison.

SUIS-JE AVALÉ DANS LES SOUCIS DU PASSÉ OU DANS LES ANGOISSES DU FUTUR ?

Pour dénouer les blocages internes et fluidifier votre qualité de présence envers autrui, travaillez d'abord votre qualité de présence à vous-même :

Où suis-je quand je suis là ?
Suis-je vraiment là ?

Lorsque vous éprouvez des blocages internes, que nous nommons des « conflits psychiques », des angoisses, ne luttez pas contre, ne leur donnez pas de crédit, laissez-les s'évaporer, ne les contenez pas, ne les repoussez pas. Vous pouvez travailler à les nommer, à les faire émerger, à les écrire, à les transformer, à les transcender dans l'art par exemple ou dans une activité qui vous permet de les extérioriser. Mais ne cristallisez pas sur ces blocages. Rappelez-vous constamment l'impermanence des choses et des êtres. Nous avons souvent l'illusion que nous pouvons maîtriser notre destin. Il n'en est absolument rien. Nous pouvons simplement améliorer notre souplesse interne pour accueillir avec sagesse et calme les événements qui nous « tomberont » dessus.

Cessez surtout d'avoir peur au mauvais endroit : la peur vous asservit avant même que l'événement ne se produise. Vous ne pouvez être réduit à votre peur, figé par elle. La peur de perdre peut entraver tout changement et vous fossiliser sur place, comme ces êtres que l'on rencontre et qui, des années plus tard, sont toujours à la même place, au même endroit, qui n'ont pas bougé ni évolué. Dissoudre ses peurs suppose de ne pas s'accrocher aux vieilles habitudes, de se laisser porter par l'énergie du moment. De façon quotidienne, nous nous laissons souvent avaler par la peur, l'anxiété, les soucis.

Pour devenir un être solaire, il est impossible de se laisser terrasser par la peur.

APRÈS L'HIVER VIENT LE PRINTEMPS

Il existe un lien entre l'altruisme, le bien-être, la santé, et la longévité. Avant d'agir pour « faire du bien à autrui », il est nécessaire de se sentir bien par rapport à soi-même et aux autres.

Pratiquez **l'art de donner** au quotidien, avec générosité, sans effort. Votre présence sera alors en elle-même un don. Nous sommes sur terre pour un temps compté. Développez bienveillance et gratitude envers le vivant, exprimez votre reconnaissance envers la vie, apprenez à ressentir de la satisfaction envers la vie et à l'aborder de manière optimiste. Malheureusement, il est très fréquent que nous nous entêtions lorsque nous désirons quelque chose alors que nous nous heurtons à des impasses, des résistances et des blocages.

De plus, comme nous l'avons vu avec le profil du « ruminant », l'humain est spécialiste des « ruminations », vous savez, ces pensées qui vous polluent, tournent en boucle le soir avant de s'endormir. Si quelque chose vous crée du souci, évitez de contaminer le reste de votre existence. Ce point est délicat, car souvent l'on

Conseil

Passez à autre chose ou trouvez d'autres moyens si vous vous heurtez à trop de blocages. C'est aussi l'indice que ce n'est pas votre chemin. Ne vous entêtez pas inutilement. Renoncer peut être salutaire. Lorsque vous cristallisez trop sur quelque chose (ruminations, etc.), il faut dissoudre le nœud et, parfois même, le trancher radicalement. En clair : passez à autre chose, le plus rapidement possible.

ramène des soucis du travail à la maison, et *vice versa.* Il est important dans ce cas de créer des « rituels de passage » d'un environnement à un autre, pour diminuer au minimum la contamination des soucis. Ce peut être un bain avec l'écoute d'une douce musique en rentrant le soir, par exemple, ou une balade de quelques minutes dehors avant de rentrer. Soyez attentif à votre état émotionnel, et pensez vraiment à écouter de la belle musique pour créer rapidement des états d'âme plus sereins.

Apprenez à changer de regard, de perspective, prenez de la distance interne avec l'événement. Par exemple, contemplez l'intégralité du chemin parcouru et mesurez déjà à quel point vous avez su traverser des épreuves difficiles. Référez-en également à la nature : après l'hiver vient toujours le printemps, même si vous ne le voyez pas immédiatement dans la situation actuelle. Votre façon de voir les choses, vos croyances, vos humeurs modifient le cours des événements, la manière que vous aurez de les appréhender. Pour jouir de la vie, il faut s'en donner l'autorisation, ce qui n'est pas simple lorsque l'on sait que la majeure partie de l'humanité est aux prises avec des souffrances inouïes.

S'autoriser revient non pas à nier l'existence de ces souffrances, mais à participer à leur élimination en déployant un autre rapport au vivant, un rapport plus sain, plus pacifique, moins prédateur et moins guerrier, en somme un état d'être spirituel dépouillé du jugement et de l'avidité, donc de l'orgueil.

DÉSIREZ MIEUX ET DÉSIREZ MOINS

Si tu désires peu de choses,
ce peu te semblera beaucoup
Sagesse de Démocrite

« Pour l'homme, la tranquillité de l'âme (l'ataraxie) provient de la modération dans le plaisir et de la mesure dans le genre de vie. L'insuffisance et l'excès provoquent d'ordinaire des changements fâcheux et causent à l'âme de grands troubles. [...] Il faut donc appliquer son esprit à ce qui est possible et se contenter du présent, ne tenir que peu de compte de ce qu'on envie et admire [...]. On doit au contraire avoir sous les yeux la vie des malheureux, songer à leurs criantes misères [...]. Aussi faut-il éviter de désirer ce qui ne nous appartient pas, nous contenter de ce que nous possédons [...] En adoptant cette manière de voir, on vivra plus tranquillement et pas mal de calamités nous seront épargnées : l'envie, la jalousie et la haine. »

Démocrite, Fragment 191.

Comme l'illustre sans ambiguïté ce fragment, le philosophe grec Démocrite assimilait l'ataraxie à une modération des désirs.

CULTIVEZ DES INCLINATIONS PLUS SPIRITUELLES QUE MATÉRIALISTES

Quels que soient votre culture, votre religion, vos idéaux, n'oubliez jamais que l'être humain ne saurait se satisfaire des possessions matérielles, qui sont souvent autant d'entraves au développement de l'esprit. Cultivez des inclinations plus spirituelles que matérialistes. Et rappelons-le, la spiritualité est une recherche intérieure d'accès à davantage de conscience.

Je vois de nombreuses personnes ayant pratiqué à foison diverses approches de développement personnel arriver à mon cabinet sans avoir aucune conscience des schémas familiaux, de ce qu'elles reproduisent de leur histoire dans leur vie actuelle, mais qui ont en revanche « papillonné » dans les milieux ésotériques et spirituels, sans jamais s'être donné réellement les moyens d'un travail sur elles. De ce fait, ces personnes sont particulièrement perdues lorsqu'il s'agit de se mettre au travail sur leur propre vie psychique. Identifier leurs zones d'ombre, les fonctionnements récurrents dans leur vie relationnelle, leur propre vie émotionnelle et psychique semble souvent inconnu. Pourtant, divers gourous leur ont donné l'illusion de l'accès « facile » à la dimension spirituelle. Or, elles souffrent encore. Leur mal-être revient, leur angoisse persiste, malgré leurs efforts. Lorsqu'elles se mettent au travail sur elles-mêmes en revanche, ces personnes se familiarisent avec toute la dimension psychologique qui leur faisait défaut, ne serait-ce que pour comprendre la spiritualité, car l'être humain est un tout, biologique, émotionnel, mental et spirituel, et travailler une dimension en excluant les autres ne peut pas être concluant. Pire, c'est contre-productif ! Et ce faisant, tout prend sens.

Pour soigner votre qualité de présence, soignez donc d'abord vos nourritures spirituelles, c'est-à-dire les émotions, les images et les pensées qui nourrissent votre esprit. Si vous passez votre temps à regarder des séries américaines où il n'est question que de meurtres et de viols, des films d'horreur, vous continuerez de vous polluer, souvent à votre insu. Et aussi, soyez attentifs à la qualité de la nourriture terrestre que vous ingurgitez ! « Que ton alimentation soit ta première médecine », disait le célèbre Hippocrate[1]. Or, comment se sentir bien sous le poids des graisses saturées, des additifs, des colorants, des pesticides, des exhausteurs de goût ?

Ensuite, cultivez la foi.

L'être humain est bien petit à proportion de l'univers, et c'est précisément cela qui peut lui permettre d'aspirer, d'une façon ou d'une autre, au divin, au mystère de la création, et de s'y référer. La nature est un excellent modèle pour cela, et regardez : **la vie triomphe toujours**. Pour cultiver la foi, il faut d'abord se recueillir avec soi-même. Dans ce silence, vous pouvez ressentir votre conscience, c'est-à-dire la part intime de vous-même qui est intègre, pure, celle qui sait ce qui est juste, bon, beau et bien, et pense quelque chose de vos actes.

Par exemple, si vous vous êtes comporté de façon injuste envers quelqu'un, il y a une part de vous qui le sait, même si vous pouvez vous mentir à vous-même. Cette part-là, c'est celle de la conscience, celle que l'on retrouve lorsque l'on dit être capable ou non de « se regarder dans la glace », et celle qui relève aussi du mystère, de la part divine, transcendante à nous,

1. Hippocrate de Cos, *De l'art médical*, traduit par Émile Littré, Paris, Le Livre de Poche, 1994.

> « Le fruit du silence est la prière. Le fruit de la prière est la foi.
> Le fruit de la foi est l'amour.
> Le fruit de l'amour est le service.
> Le fruit du service est la paix. »
>
> Mère Teresa, *Un chemin tout simple*, Paris, Pocket, 1997.

celle qui fonde un scrupule moral, la foi et l'amour. Celle au service de laquelle nous devons nous mettre, chacun, dans notre quotidien.

AUGMENTEZ VOTRE TAUX VIBRATOIRE

Cultiver cet état d'être spirituel s'accompagne de l'augmentation de notre taux vibratoire. Nous avons tous notre propre taux vibratoire qui peut varier selon notre état du moment (santé, humeur, émotions…), ce que le philosophe Henri Bergson traduisait par « tout est énergie », « tout est vibration ». Le taux vibratoire peut se définir comme la plus ou moins grande vitalité qui habite un sujet. Les sons, la lumière, la matière comportent un taux vibratoire, qui serait comme l'indicateur de la qualité d'énergie contenue.

Prenons un exemple.

Si vous êtes en colère, vous disposez à ce moment-là d'un surcroît d'énergie qui vous enflamme et peut vous pousser à désirer « en découdre » avec la personne ou la situation à l'origine de votre colère. Votre énergie est alors cristallisée, orientée massivement par cette colère. Si vous secondarisez cette colère, si vous prenez le temps de vous calmer, alors votre énergie se fluidifiera et sera disponible pour d'autres œuvres, cette fois-ci de construction, et non de destruction, comme le commande souvent une colère. Lorsque vous êtes en colère, votre taux vibratoire est bas, dans la mesure où toute l'énergie disponible se concentre à un endroit, sur une œuvre de destruction. Lorsque vous dissipez cette colère, ou que vous l'orientez vers des actions constructives, **cette énergie circule à nouveau** et vous rend de nouveau disponible pour des réalisations de vie.

La dialectique vie-mort est systématiquement à l'œuvre à l'intérieur de nous-mêmes. Si nous nous orientons vers la vie ou ce qui la symbolise (projet, croissance, etc.), notre taux vibratoire s'élève. Si nous nous orientons vers la mort ou ce qui la symbolise (perte, deuil, destruction), notre taux vibratoire s'abaisse.

Vous pouvez vous-même sentir chaque jour votre taux vibratoire, pourvu que vous vous mettiez à l'écoute de votre état mental, émotionnel et physique. Il y a des jours où vous vous sentez fatigué, déprimé, « pas dans votre assiette », où vous n'avez de goût à rien, et d'autres jours où vous « pétez le feu », ce qui, littéralement, indique que vous possédez un surcroît d'énergie qui circule librement dans votre organisme. Ces jours-là, vous ressentez de la joie, vous pouvez soulever des montagnes, vous désirez construire des projets. Toute relation d'emprise, telle qu'elle peut être définie en psychologie, vise à abaisser votre taux vibratoire. La vampirisation est bien plus qu'un contrôle psychologique, et la manipulation s'étend à tout l'organisme de la personne. On peut le constater d'ailleurs par la survenue des troubles somatiques, qui traduisent l'état psychologique (mental et émotionnel) de la personne.

Augmenter son taux vibratoire, c'est-à-dire l'énergie de vie qui circule en nous, assure une meilleure protection de la santé, un bien-être moral accompagné d'un calme et d'une paix intérieures, et permet ainsi de nous orienter vers ce qui peut nous rendre plus heureux.

L'une des lois fondamentales de la psychologie est que l'intérieur est en miroir de l'extérieur : l'on attire les événements en fonction des vibrations que l'on dégage. Par exemple, si vous êtes traumatisé par un événement, et si ce traumatisme n'est pas pris en charge, vous risquez bien d'attirer des situations traumatiques, à votre insu.

Comment augmenter son taux vibratoire ?

Selon le regard que vous portez, vous pouvez voir le négatif du monde, les horreurs perpétrées sur notre planète, ou vous concentrer sur le positif, les belles expériences humaines. L'un n'exclut pas l'autre : se concentrer uniquement sur le négatif a des effets destructeurs, mais se concentrer uniquement sur le positif est aussi une forme d'évitement des problématiques personnelles et collectives face auxquelles chacun doit se positionner et être responsable. Éviter et fuir sont des attitudes qui n'ont rien à voir avec l'augmentation du taux vibratoire. Car, ce faisant, l'augmentation serait parfaitement superficielle, vous conduisant à « plonger » au moindre événement qui vous ramènerait aux difficultés du réel, c'est bien là le risque de la pensée positive à outrance. Là encore, tout est affaire de mesure.

Mais soyez particulièrement vigilant !

Décidez-vous à supprimer les injustices dont vous êtes victime ou témoin, à augmenter votre taux vibratoire pour résister psychiquement aux effets traumatiques contagieux des événements destructeurs de ce monde. Rire, sourire, chanter dans la joie et la bonne humeur, faire du sport, déployer une activité artistique, écrire, sont des façons simples d'augmenter son taux vibratoire. Il s'agit de rechercher la détente et la joie. Décidez-vous, et soyez déterminé.

Revenir à la nature, s'émerveiller de sa beauté, travailler chaque jour à déployer des émotions de respect, de bienveillance, de compassion, contribuent à augmenter le taux vibratoire. La qualité de votre environnement et de votre alimentation peut influer également sur votre taux vibratoire. Vous l'avez déjà tous expérimenté. Est-ce que vous vous sentez bien après un repas lourd chargé en graisses animales ? Vous sentez-vous en capacité de mener des projets d'envergure, vous sentez-vous apaisé ? Occupez-vous également de votre lieu de vie, quel qu'il soit, pour en faire un lieu où vous pouvez vous ressourcer en énergie. Cela devient de plus en plus difficile à l'heure de la civilisation du bruit et de la pollution.

Une technique simple pour augmenter votre taux vibratoire

Choisissez une très belle musique de relaxation, assurez-vous de ne pas être dérangé, allongez-vous et tâchez de vous concentrer sur la musique, les vibrations et les émotions qu'elle suscite en vous. Laissez-vous happer par la musique au point de ressentir l'harmonie des vibrations. Faites alors émerger en vous les sentiments d'amour inconditionnel, de paix et de félicité, au besoin en visualisant de belles situations que vous avez vécues ou que vous aimeriez vivre. Sentez comme votre corps devient lumineux et éclaire votre entourage.

Le taux vibratoire se traduit par *l'aura*, qui signifie, étymologiquement, « lumière ». Il s'agit de la lumière qui émane d'un être. *A contrario*, les êtres qui subissent une dépression seront qualifiés de « sombres », « taciturnes », « ternes ». Être lumineux se traduit par une lumière qui irradie de nous, qui nous donne même une certaine couleur, une vibration que certains esprits entraînés savent voir et qui peut être décrite comme un « champ électromagnétique » qui envelopperait notre corps, un « halo » de lumière qui rayonnerait autour de nous, une « force vitale ». D'ailleurs, nous pouvons dire de certains êtres qu'ils sont « magnétiques », « charismatiques » : ils ont une attirance qui nous capture et qui, soit nous permet de nous élever, soit nous abaisse. Lorsque vous êtes en présence d'une autre personne, si vous vous tenez près d'elle et si vous vous concentrez sur ce que vous éprouvez, vous pouvez ressentir sa chaleur, son souffle, son humeur. Il y a des personnes à côté desquelles vous pouvez vous sentir mal à l'aise, alors qu'aucun mot n'a été échangé. À l'inverse, auprès de certaines personnes, vous pouvez vous sentir bien, par les seules vibrations que la personne émet, par son aura et son éclat. Augmenter son taux vibratoire aide donc à améliorer son aura, en intensité et en lumière, et permet d'attirer à soi d'autres êtres qui font du bien par leur seule présence.

CHERCHEZ LA FLUIDITÉ

Cela suppose une ouverture de conscience.

Pour le philosophe Henri Bergson, conscience signifie « mémoire du passé et anticipation de l'avenir », c'est-à-dire qu'elle a un rapport au temps : « Retenir ce qui n'est déjà plus, anticiper sur ce qui n'est pas encore[1]. »

Ce rapport de l'avant et de l'après est celui de la civilisation. C'est bien parce que nous ne sommes pas nés de rien que nous devons le respect à notre planète Terre et aux œuvres des Anciens. La conscience a une ouverture temporelle. Prendre conscience, c'est ouvrir son esprit à la logique de l'avant et de l'après, de la transmission, du respect et de la tolérance. C'est aussi une ouverture géographique, car si « les voyages forment la jeunesse » c'est bien parce qu'ils aident l'esprit à s'ouvrir à d'autres cultures, à d'autres fonctionnements. La prise de conscience est toujours un moment de grâce qui donne accès à l'altérité, mais aussi aux liens qui nous unissent au-delà de cette altérité.

La conscience est fluide, elle suppose une libre circulation de la pensée, loin de la censure du jugement ou des cristallisations de l'avidité. Honorer une qualité de présence implique de fluidifier son mouvement psychique intérieur.

1. Henri Bergson, *L'Énergie spirituelle*, Paris, Payot, 2012, p. 35.

Certaines émotions négatives se cristallisent souvent en nous : la colère peut se transformer en rage, la frustration en envie, la peur en angoisse, la tristesse en déprime. Nos émotions sont le fruit des illusions que nous nous conférons à nous-mêmes. Elles sont importantes à ressentir et à exprimer. Beaucoup croient qu'il est nécessaire de les refouler, c'est-à-dire de mettre le couvercle dessus. Or, plus vous mettez le couvercle, plus ces émotions « marmitonnent » à l'intérieur de vous, se cristallisent et se rigidifient. Certaines personnes ressassent en boucle des émotions amères et ne comprennent pas pourquoi leur vie ne se modifie pas. Ce qui ne se modifie pas, c'est bien leur façon de vivre les événements qui se présentent à elles, et d'un accident, d'un deuil, d'un malheur de la vie, l'on peut toujours sortir vainqueur, encore faut-il se mettre en chemin de croiser les personnes qui vous feront avancer, les êtres solaires, les bons thérapeutes, et de se soustraire à l'emprise ou à l'incompétence des autres.

Les petits changements étant toujours à l'origine des grands, initiez de nouveaux réflexes au quotidien et apprenez à expulser hors de vous ces émotions négatives, à les faire remonter à la surface, à les exprimer tout en augmentant vos facultés de réceptivité à la beauté de l'être que vous êtes. L'événement qui surgit peut être vécu comme arbitraire ou comme une occasion de développement. Ceux qui décident de le voir comme une occasion de développement, une source d'enseignement sur eux-mêmes, connaissent de profondes transformations et deviennent des êtres puissants.

LE COURAGE D'EXISTER

S'autoriser à exister et à produire des fruits qui nous ressemblent, c'est-à-dire à contrarier tous ceux qui ne veulent pas de notre existence ni de nos œuvres, suppose du courage. C'est le prix à payer pour vivre.

Mais c'est aussi ce qui donnera la récompense de la vie !

Partir à la découverte de son âme

PARDONNER... AU TERME DE, ET NON AU PRÉLUDE

Tandis que le ressentiment affecte la santé physique, mentale et émotionnelle, il a pour exact opposé le pardon, qui consiste à considérer l'être qui vous a blessé dans ses propres limitations et d'arrêter de ressasser des émotions négatives à son encontre qui vous polluent, vous empoisonnent et vous emprisonnent.

Pardonner n'est pas oublier, ni vous sacrifier. C'est une liberté qui vous appartient et qui peut vous élever à d'autres dimensions. Le pardon n'est pas le préliminaire à un travail sur soi ; il n'est pas une obligation. Il est une possibilité dont vous pouvez vous saisir au terme d'un travail sur vous-même. *Au terme de*, et non au prélude. Pardonner en se faisant violence, en s'infligeant de faire taire sa souffrance n'a aucun sens et est absolument contraire à un apaisement intérieur. C'est la raison pour laquelle demander à quelqu'un qu'il pardonne aux êtres qui l'ont fait souffrir est un non-sens.

Savoir tout cela nous permet de cesser de nourrir des pensées et des émotions négatives à l'égard d'autrui, dont nous serions les premiers à souffrir.

RECONNAÎTRE LE SACRÉ DE LA VIE

Comme le suggérait le psychanalyste Jung, la plus grande souffrance psychique de l'être humain survient lorsque ce dernier s'est dépouillé de tout accès au scrupule religieux.

Notre époque, après avoir déconstruit toutes les religions, se retrouve aux prises avec les affres de l'incroyance spirituelle, qui plonge désormais l'humain dans la pure matière, celle de la consommation, du néant après la mort, de l'érosion de toute pensée métaphysique, de l'évitement de la responsabilité. Certaines recherches, par exemple en oncologie, visent d'ailleurs à rétablir la dimension spirituelle comme essentielle à l'humain pour se guérir.

De notre point de vue, il est vital, pour nos générations présentes et celles à venir, de réhabiliter le scrupule moral et religieux comme un élément fondamental à la conservation de la civilisation et, ce faisant, de notre espèce. Il ne s'agit pas de disserter pour savoir si Dieu existe ou non, ni si les anges ont un sexe, car ce sont là des considérations stériles auxquelles les réponses seront nécessairement imparfaites, mais bien de considérer cette fonction spirituelle en chacun, comme un besoin ultime de porter un idéal de perfection morale et spirituelle, que la nouvelle « foi en la science » ne saurait venir éradiquer.

Le scrupule est bien le tourment que seul connaît l'être moral, celui qui est désireux de se rendre fidèle au divin. Le scrupule signe la marque de l'angoisse existentielle qui caractérise la conscience humaine, celle qui est dotée de responsabilité et de culpabilité, et qui recherche le Beau, le Vrai, le Bon et le Bien.

Somme toute, travailler sa qualité de présence consiste à travailler sa confiance en la dimension sacrée de soi-même et de la vie. Cette dimension sacrée n'est pas nécessairement grave ni sérieuse, au contraire !

Elle pose une distance face au théâtre de la vie, aux rôles sociaux que nous jouons ici-bas et qui nous ramènent, si nous y songeons quelques instants, à leur inanité au regard de notre condition de mortels.

« L'idée de loi morale, l'idée de Dieu font partie de la substance première et inexpugnable de l'âme humaine. C'est pourquoi toute psychologie sincère, qui n'est pas aveuglée par je ne sais quelle superbe d'esprit fort, se doit d'en accepter la discussion. Ni l'ironie mordante, ni les vaines explications ne parviendront à les dissiper. En physique nous pouvons nous passer d'un concept de Dieu ; en psychologie, par contre, la notion de la divinité est une grandeur immuable avec laquelle il faut compter, tout comme avec des "affects", des "instincts", le "concept de Mère", etc. La conception originelle de l'imago et de son objet étouffe toute différenciation entre "Dieu" et l'"imago de Dieu" ; c'est pourquoi l'on vous incrimine de théologie et l'on comprend Dieu chaque fois que vous parlez du "concept de Dieu". La psychologie comme science n'a pas à entreprendre l'hypostase de l'imago divine ; elle doit simplement, conformément aux faits, compter avec la fonction religieuse, avec l'image de Dieu. La psychologie, de façon analogue, opère avec la notion d'instincts, sans, pour cela, s'attribuer la compétence de rechercher ce que l'instinct est en soi, ou si même c'est une chose en soi. »

Carl Gustav Jung, *L'Homme à la découverte de son âme*, *op. cit.*, p. 244.

« Pour ce que rire est le propre de l'homme », nous disait Rabelais : riez, changez votre manière d'être, ne prenez plus tout au sérieux, ne craignez plus de vous affirmer dans vos valeurs et votre dimension.

TROUVEZ VOTRE PLUS HAUTE RÉALISATION

Partir à la découverte de son âme suppose toutes les épreuves initiatiques que nous avons déjà décrites, et qui ont pour but ultime de nourrir ce que Carl Gustav Jung a nommé « principe d'individuation ». Car c'est à travers cette quête solitaire, ce processus de morts psychiques et symboliques successives avant tout autant de renaissances, que nous parvenons à nous confronter à l'impersonnel et, par contraste, à nous réaliser en tant que personne.

Il s'agit de développer notre individualité personnelle, dans la plus parfaite harmonie, pour trouver notre plus haute réalisation. C'est ce que Jung nomme **« la voie de l'individuation »**.

Elle implique de nous dissocier de ce que tout le monde pense, de ce que les autres estiment bon pour nous, pour trouver puis affirmer qui nous sommes vraiment, dans notre caractère unique et irréductible à aucun autre.

Korea

« Un progrès commence toujours par l'individuation, c'est à dire qu'un isolé, ayant pris conscience de son isolement, fraie une voie qui n'a pas encore été battue. Il lui faut pour cela, en premier lieu — absolument en dehors de toute autorité et de toute tradition — réfléchir à ce qui est sa réalité fondamentale et laisser venir à lui la conscience qu'il est différent des autres. »

Carl Gustav Jung, *L'Énergétique psychique*, Paris, Livre de Poche, 1993, p. 85.

C'est une étape d'isolement, qui suppose de nous libérer de tous nos carcans, pour atteindre qui nous sommes vraiment, dans notre totalité et notre authenticité.

Cela suppose d'identifier nos projections et nos illusions pour nous libérer, par exemple, nous départir des illusions sur notre position sociale, les rôles que nous jouons dans nos relations humaines et les masques que nous empruntons, nos acquis matériels, notre volonté comme moteur de toute chose, notre famille et même notre conception de la mort.

Au terme du processus d'individuation, l'être solaire est libéré des aliénations premières et en capacité de remettre son « moi » à sa juste place dans l'univers, face à tout ce que le moi n'est pas et, notamment, d'intérioriser l'idée d'un principe supérieur (nature, amour, principe créateur, Dieu, etc.) comme possible transcendance. Les enfants traversent souvent une période, vers l'âge de cinq ou six ans, où précisément des questions d'ordre métaphysique sont soulevées, ce qui témoigne bien là de l'existence de cette fonction psychique du divin. Souvent, les adolescents traversent à nouveau cette période. À l'âge adulte, ce questionnement métaphysique, qui nous rend « plus humain », et la petite voix intérieure qui l'accompagne, sont souvent méprisés ou étouffés pour notre plus grande misère affective et humaine.

Ce rapport à la transcendance une fois acquis, l'être solaire ne s'émeut plus devant les événements, car il est porté par une dimension supérieure, qui accueille et prend en compte la différence et l'originalité, parce qu'elle rencontre autrui à un autre niveau, dans son être véritable.

Le chemin est bien celui d'une prise de conscience, et Jung précise que seuls ceux qui sont parvenus à cet état d'individuation sont capables de le déceler chez autrui.

De plus, les êtres solaires ont acquis une forme de complétude, et leurs paroles mêmes sont l'émanation de cette réalisation individuelle.

Conseil

Les mots que vous employez, les paroles que vous prononcez ont une action directe sur le plan psychique : apprenez à ne parler que lorsque c'est nécessaire, ne prononcez pas des mots que vous regretterez ensuite, évitez de pratiquer la critique, portez votre conscience sur ce qui émane de vous.

L'HUMAIN EST IMMORTEL PAR RAPPORT À L'ÂME

D'après Pythagore, l'homme doit connaître la source des malheurs qu'il éprouve nécessairement, et loin d'en accuser cette même Providence, qui dispense les biens et les maux à chacun selon son mérite, ne doit s'en prendre qu'à lui-même s'il souffre, par une suite inévitable de ses fautes passées.

Mettez-vous dès aujourd'hui en route sur un chemin bénéfique dont vous n'aurez pas à rougir ultérieurement. Les autres ne s'y engagent pas ? Que cela ne vous en dispense pas pour autant !

En somme, pour améliorer notre qualité de présence, il me paraît indispensable de revenir à la doctrine de l'âme telle que la concevaient nos ancêtres. Car, à choisir, le spiritualisme est tout de même beaucoup plus humanisant et enrichissant sur les plans intellectuels et émotionnels

Faites-le quand même...

« Les gens sont souvent déraisonnables, illogiques et centrés sur eux-mêmes,
Pardonne-les quand même...
Si tu es gentil, les gens peuvent t'accuser d'être égoïste et d'avoir des arrière-pensées,
Sois gentil quand même...
Si tu réussis, tu trouveras des faux amis et des vrais ennemis,
Réussis quand même...
Si tu es honnête et franc, il se peut que les gens abusent de toi,
Sois honnête et franc quand même...
Ce que tu as mis des années à construire, quelqu'un pourrait le détruire en une nuit,
Construis quand même...
Si tu trouves la sérénité et la joie, ils pourraient être jaloux,
Sois heureux quand même...
Le bien que tu fais aujourd'hui, les gens l'auront souvent oublié demain,
Fais le bien quand même...
Donne au monde le meilleur que tu as, et il se pourrait que cela ne soit jamais assez,
Donne au monde le meilleur que tu as quand même...
Tu vois, en faisant une analyse finale, c'est une histoire entre toi et Dieu, cela n'a jamais été entre eux et toi. »

Mère Teresa.

que toute forme de matérialisme, qui pousse à l'économie de pensée et réduit toute aspiration spirituelle à « un coin de table ». Selon la philosophie grecque, l'âme représente la vie du corps, son souffle de vie, sa force vitale, et perdure en-deçà et au-delà de notre mort comme forme d'énergie immortelle.

De plus, la psychologie qui méprise ou ignore cette dimension de l'âme est un non-sens absolu, puisqu'étymologiquement psychologie signifie, en grec ancien, « science de l'âme » !

C'est la raison pour laquelle le psychanalyste Jung concevait que l'absence partielle, voire la négation de la spiritualité chez les peuples dits civilisés était au contraire un signe de « dégénérescence ». Mais il faut entendre par là la négation de la « vraie » spiritualité, celle qui se développe dans la verticalité, le temps et la profondeur, et non à la surface ou dans l'éparpillement.

CONCLUSION

Ces personnes qui nous font du bien par leur seule présence, parfois à leur insu, croient en nous, en notre humanité, en notre dimension supérieure.

Ainsi, devenir un être solaire suppose que l'individu soit relié, dans son actualité immanente, dans son incarnation, avec un au-delà, une force supérieure et transcendante qui l'unifie, l'harmonise et le réalise en tant qu'être authentique. Cela suppose de développer l'amour envers soi-même, de se traiter avec dignité et de considérer que chacun a le potentiel de sa réalisation.

Pensez à redonner de la valeur à votre temps, au temps de votre vie. Avec qui passez-vous du temps, à qui donnez-vous du temps, avec qui perdez-vous votre temps ? Donnez-vous du temps, écoutez le silence autour de vous, en vous, et envers l'autre. Cultivez la durée, la lenteur, la transmission, comme autant de résistance à l'oppression moderne de l'urgence et de l'immédiateté.

Travaillez la constance, et suivez en cela la recommandation d'Einstein, pour qui il ne s'agissait pas de devenir un homme qui a du succès, mais un homme qui a de la valeur. Cette constance est aussi le ferment d'une identité qui ne se renie pas, et d'un hommage que l'on peut rendre à sa propre qualité humaine.

Comment se fait-il que l'humain occidental moderne, si choyé sur le plan matériel, quoi qu'on en dise, ait si facilement renoncé à se dégager de son bon sens et de valeurs fondamentales ?

Confucius disait : « Un homme heureux est un homme qui se contente de peu. » Nous ne cessons de pratiquer la course au bonheur, en étant manipulés par l'illusion que le bonheur se nichera dans la conquête matérielle.

Au contraire, pour travailler votre qualité de présence, apprenez à renoncer à vos attachements, au sens propre de ce qui vous attache et vous contraint dans la matière, vous rendant ainsi perpétuellement insatisfait.

Cessez de vous attarder sur ce qui vous blesse. Préférez systématiquement contempler le chemin que vous souhaitez parcourir plutôt que de vous lamenter sur les épines et les ronces qui le jalonnent.

Avancez en désirant le mieux pour autrui et pour vous-même, et vous trouverez.

Faites votre autodiagnostic

VOUS ÊTES PLUTÔT TOXIQUE SI...	VOUS ÊTES PLUTÔT SOLAIRE SI...
Vous angoissez à l'idée du lendemain	Vous vivez chaque instant comme un cadeau de la vie
Vous ne supportez pas d'être seul	Vous aimez la joie
Vous êtes prêt à tout pour réussir	Vous aimez la nature
Vous pensez que vous êtes une éternelle victime	Vous avez un idéal d'élévation spirituelle
Vous enviez la vie d'autrui	Vous avez des valeurs morales d'intégrité
Vous êtes trop empathique	Vous savez ressentir la « bonne peur », celle qui permet de vous alerter pour vous protéger
Vous n'êtes pas assez empathique	Vous ne tolérez pas que l'on vienne vous polluer psychiquement
Vous ruminez sans cesse vos soucis	Vous savez vous entourer des personnes uniquement bienfaisantes pour vous
Vous passez votre temps à vous juger négativement ou à médire d'autrui	Vous aimez sourire
Vous trouvez toujours des excuses à ceux qui vous maltraitent	Vous êtes enthousiaste

Vous êtes plutôt toxique si…	Vous êtes plutôt solaire si…
Vous culpabilisez à la moindre occasion	Vous travaillez à vivre en harmonie
Vous ne culpabilisez jamais	Vous considérez chaque épreuve comme source d'enseignement
Vous n'osez jamais dire ce que vous pensez	Vous ressentez une paix intérieure
Vous avez peur de tout	Vous avez confiance en la puissance de la vie
Vous n'avez peur de rien	Vous aimez la solitude
Vous vous mettez souvent en colère	Vous respectez la dimension sacrée de la vie

TABLE

Mise en pages : FACOMPO, Lisieux

Imprimé à Barcelone par:
BLACK PRINT
en janvier 2021

Dépôt légal : mars 2020

Imprimé en Espagne